いつも卵があるといい

朝も昼も、夜も。

堤人美

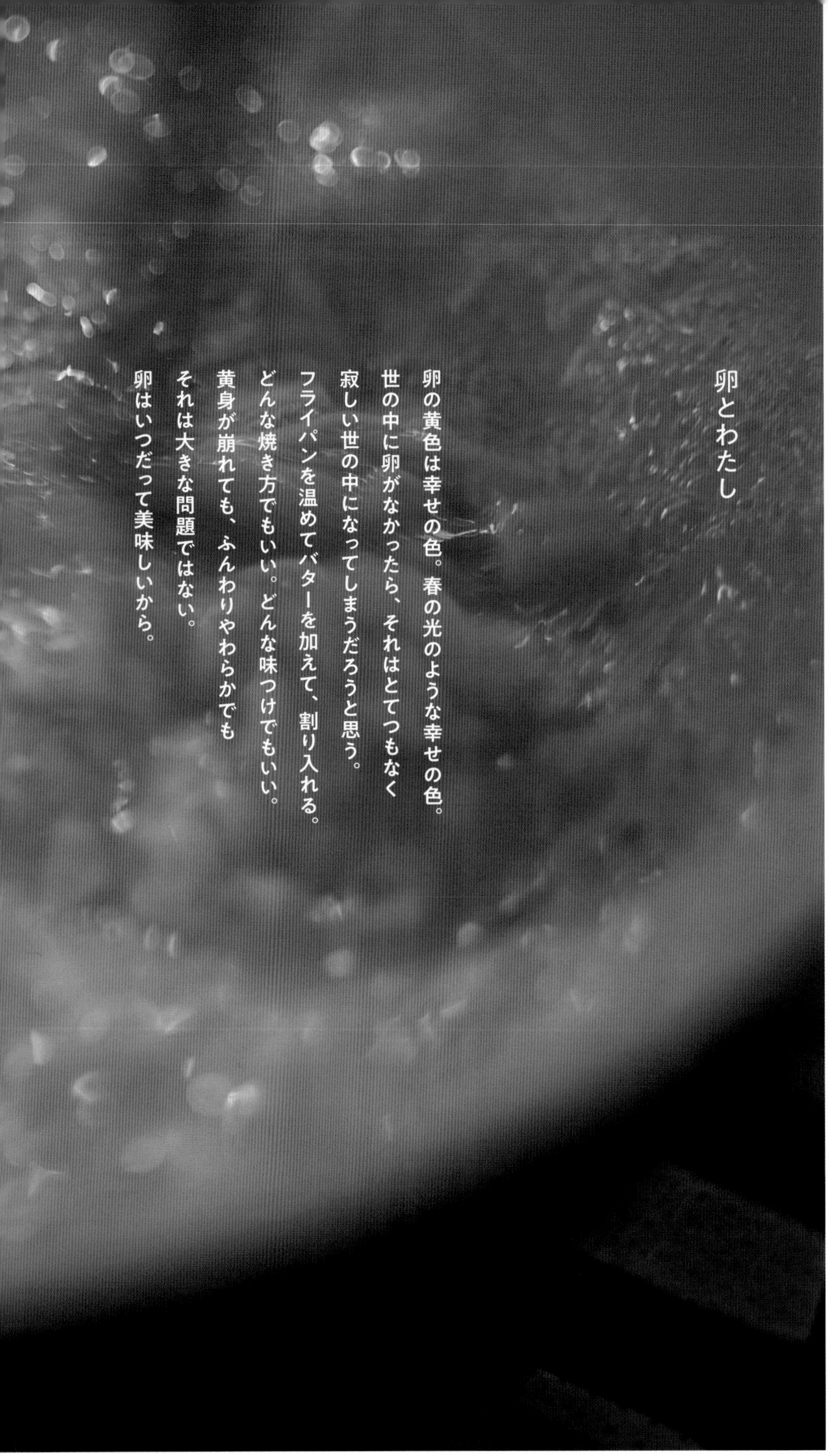

卵とわたし

卵の黄色は幸せの色。春の光のような幸せの色。
世の中に卵がなかったら、それはとてつもなく
寂しい世の中になってしまうだろうと思う。
フライパンを温めてバターを加えて、割り入れる。
どんな焼き方でもいい。どんな味つけでもいい。
黄身が崩れても、ふんわりやわらかでも
それは大きな問題ではない。
卵はいつだって美味しいから。

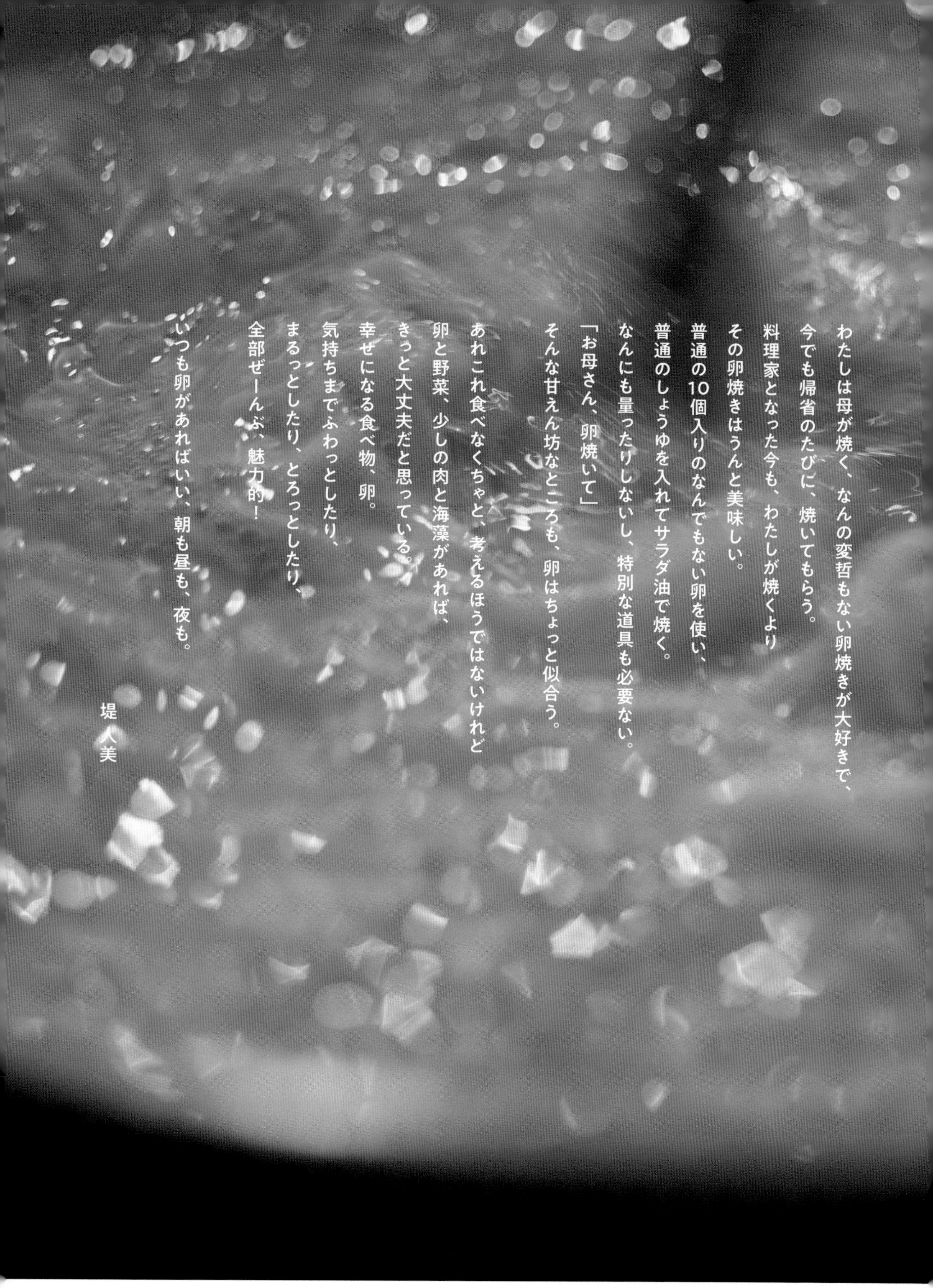

わたしは母が焼く、なんの変哲もない卵焼きが大好きで、
今でも帰省のたびに、焼いてもらう。
料理家となった今も、わたしが焼くより
その卵焼きはうんと美味しい。
普通の10個入りのなんでもない卵を使い、
普通のしょうゆを入れてサラダ油で焼く。
なんにも量ったりしないし、特別な道具も必要ない。
「お母さん、卵焼いて」
そんな甘えん坊なところも、卵はちょっと似合う。

あれこれ食べなくちゃと、考えるほうではないけれど
卵と野菜、少しの肉と海藻があれば、
きっと大丈夫だと思っている。
幸せになる食べ物、卵。
気持ちまでふわっとしたり、
まるっとしたり、とろっとしたり、
全部ぜーんぶ、魅力的！
いつも卵があればいい、朝も昼も、夜も。

堤 人美

もくじ

思い出の卵

ふんわり卵

茹で卵

漬け卵

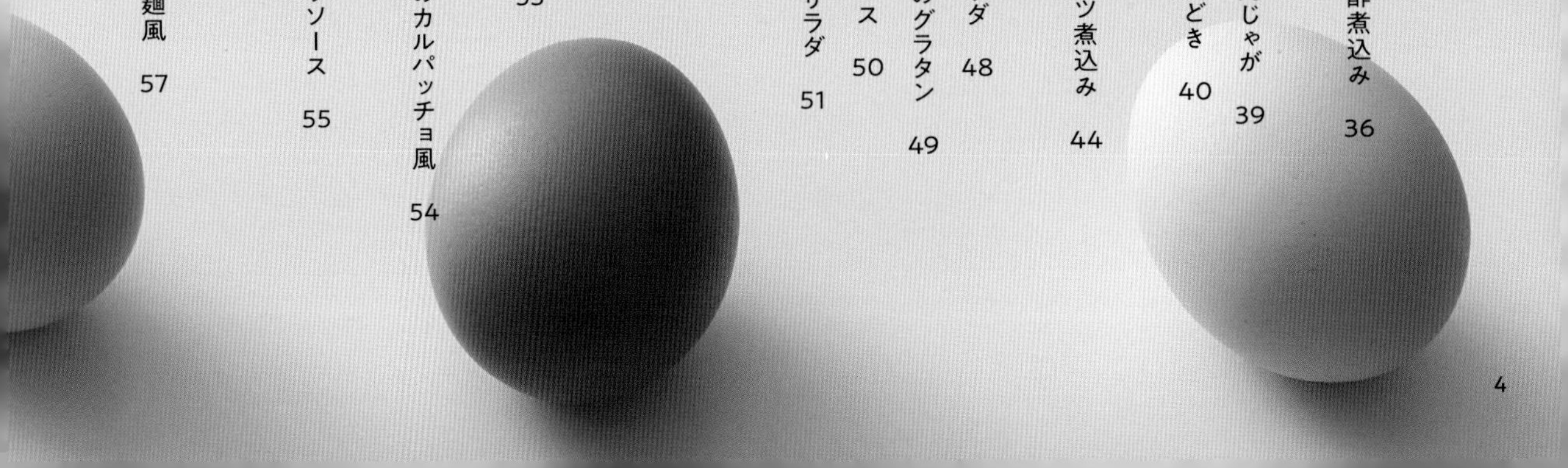

料理を作る前に

- 小さじ1は5mℓ、大さじ1は15mℓ、1カップは200mℓです。
- ごく少量の調味料の分量は「少々」または「ひとつまみ」としています。「少々」は親指と人差し指でつまんだ分量で、「ひとつまみ」は親指と人差し指と中指の3本でつまんだ分量になります。
- 「適量」はちょうどよい分量、「適宜」は好みで入れなくてもよいということです。
- 電子レンジの加熱時間は600Wのものを使用した場合の目安です。500Wなら1.2倍を目安に、700Wなら0.8倍を目安に時間を調整してください。
- オーブンレンジは機種によって加熱時間が異なります。表記している時間を目安にして、様子を見ながら加減してください。
- 野菜類は特に指定のない場合は、洗う、むくなどの作業を済ませてからの手順を説明しています。
- だし汁は昆布、削り節、煮干しなどでとった和風だしを使っています。市販の顆粒だしを使う場合は、パッケージの表示通りに湯で溶かすなどして用意してください。
- 調味料類は特に指定していない場合は、しょうゆは濃口しょうゆ、砂糖は上白糖、こしょうは白こしょう、黒こしょうを好みで使ってください。

卵はすごい！

卵は栄養たっぷり

卵はビタミンCと食物繊維以外の1日に必要な栄養素のほとんどを含み、
体内で生成されない必須アミノ酸も含みます。
またアルコール分解にも効果があり、
弱った肝臓の回復力を高めるアミノ酸もバランスよく配合されています。
ちなみに卵には白、赤、ピンクの3種類の色がありますが、
これは鶏の種類、生活環境や年齢の違いなどによって変わり、
栄養的に差異はありません。

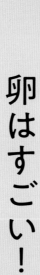

女性の味方

卵はダイエットやアンチエイジングの強い味方です。
卵はMサイズ約50g、Lサイズ約60g（ともに殻なし）で
卵黄の重さはどちらも変わらず、およそ20g。卵1個につき100kcalほど。
ダイエットや貧血予防に必要なタンパク質補給にも最適です。
皮膚や粘膜の健康維持を助けるビオチンも含み、
美肌効果もあり、抜け毛や白髪の予防にもよいといわれています。

満足感がある

健康であれば、血中コレステロール値への影響はほぼないといわれる卵。
食べ過ぎを防ぐホルモンの分泌を高めるともいわれ、
さらに茹で卵にすると腹持ちもよく、
生活習慣病を予防する食品としても注目されています。

卵の保存期間

卵の賞味期限は、夏は産卵後16日、春秋は25日、冬は57日といわれ、
とても日持ちのよい食材です。
ちなみに賞味期限とは美味しく食べられる期間、
消費期限とは安心して食べられる期間をいいます。

正しい保存方法

10度以下での保存が最適です。
年間を通して冷蔵庫に保存するのが安心でしょう。
冷蔵庫では、卵の尖ったほうを下にして保存します。
その理由は丸くなっているほうには気室があり、こちらを下にすると、
卵黄と気室内の空気が触れやすくなり、
細菌が入り込む可能性が高くなるからです。
また尖ったほうが殻がかたいので割れにくく、安心です。

思い出の卵

卵の思い出は幼少の頃から。
食が細かったわたしのために
母が作ったおむすびに始まり、
家族で通った中華料理店のカニ玉。
そしてバイト先で一生懸命作った
卵たっぷりのホットドッグ。
思えばいつも、卵の料理がありました。

卵巻きおむすび

薄焼き卵に包まれた小さなおむすびは、
ほんのり塩気が効いて元気が出る味です。

材料（2人分）
卵　1個
温かいご飯　300g
焼き海苔（半切り）　½枚（4cm幅に切る）
酒　小さじ2
塩　適量
サラダ油　少々

作り方
1　ボウルに卵を割り入れてよく溶き、酒と塩少々を加えてザルで漉す。
2　直径18cmのフライパンにサラダ油を弱火で熱し、十分に温まったらペーパータオルで油を全体に引く。一度濡れフキンなどの上に置いて冷まし、1の半量を流し入れる。まんべんなく行き渡るようにフライパンを動かし、縁がチリッとなるまで焼けたら菜箸を通して裏返し、ペーパータオルの上に取り出す。残りも同様に焼く。
3　手水をつけた手にご飯半量を取り、塩少々をまぶして丸く平たく握る。薄焼き卵で包み、海苔を巻く。残りも同様に握る。

菜種おむすび

卵巻きおむすびでないときは、菜種おむすび。
おかかの味と卵が合って今でも大好きです。

材料（2人分）
卵　2個
温かいご飯　300g
削り節　½パック（約2g）
しょうゆ　小さじ½
砂糖　小さじ2
塩　適量
サラダ油　小さじ2

作り方
1　ボウルに卵を割り入れてよく溶き、砂糖と塩少々を加えて混ぜる。削り節としょうゆは混ぜておく。
2　小さめのフライパンにサラダ油を中火で熱し、**1**の卵液を入れて菜箸数本でよく混ぜて炒り卵にする。ときどき火から外してよく混ぜながら炒る。
3　別のボウルにご飯を入れ、**2**を加えてよく混ぜる。手水をつけた手に¼量を取って**1**の削り節をのせ、塩少々をまぶして丸く握る。残りも同様に握る。

牛すじ、大根、卵のおでん

我が家のおでんはとにかくシンプル。
卵と牛すじが主役の座を競い合います。

材料（4人分）

牛すじ肉　400g
卵　6個（水から10分茹でる）
大根　½本（500g）

A
- 長ねぎ（青い部分）　1本
- にんにく　1かけ（包丁の背で潰す）
- しょうがの薄切り（皮つき）　4枚

牛すじの茹で汁　3カップ

B
- だし汁　2カップ
- 酒　¼カップ
- 薄口しょうゆ　大さじ3
- しょうゆ　大さじ2
- みりん　大さじ2

溶きがらし　適量

作り方

1 牛すじ肉はたっぷりの水とともに鍋に入れて中火にかける。沸騰したらそのまま1分ほど加熱し、茹でこぼす。流水で丁寧にアクと脂を洗い、大きければ食べやすい大きさに切る。

2 鍋をさっと洗って**1**とAを入れ、ひたひたの水を注いで中火にかける。煮立ったら、弱めの中火でアクを取り除きながら2時間ほど煮る。肉がやわらかくなったら、Aを取り除いて肉と茹で汁を分けておく。

3 大根は2㎝厚さに切り、面取りする。別の鍋に大根を入れてひたひたの水を注ぐ。中火にかけ、沸騰したらそのまま20分ほど下茹でする。

4 土鍋に肉、殻をむいた卵、水気をきった大根、Bを加える。中火にかけ、弱めの中火で40分ほど煮る。溶きがらしを添えて食べる。

卵とりんごのポテトサラダ

りんごの甘みとシャキシャキの食感。ほのかな酸味の優しいサラダです。

材料（2人分）

卵　2個
（水から10分茹でる）
じゃがいも　2個
りんご　½個
A ヨーグルト（無糖）　¼カップ
　マヨネーズ　大さじ3
　塩　小さじ⅓

作り方

1　じゃがいもは皮をむいて5㎜幅のいちょう切りにし、水に5分ほどさらす。

2　鍋にじゃがいもと被る程度の水を入れ、中火にかける。沸騰したら塩少々（分量外）を加えて6〜7分茹でて水気をきり、粗熱を取る。

3　りんごは皮つきのまま芯と種を取り除いて3等分に切る。5㎜幅のいちょう切りにし、塩適量（分量外）を加えた水に5分ほどさらして水気をきる。

4　卵は殻をむいて5㎜幅の輪切りにする。

5　ボウルにじゃがいも、りんご、卵を入れてAを加え、さっくり混ぜる。

ミートソースオムレツ

昔は家庭の洋食といえば、オムレツが定番。
甘辛の挽き肉がご飯のおかずにもぴったりです。

材料（2人分・直径26㎝のフライパン1個分）
合挽き肉　150g
卵　3個
玉ねぎ　½個
（粗みじん切りにする）
しいたけ　2枚（石づきを落として粗みじん切りにする）
牛乳　大さじ2
トマトケチャップ　大さじ2
酒　大さじ1
しょうゆ　小さじ½
塩　適量
こしょう　適量
バター　大さじ1
サラダ油　小さじ1

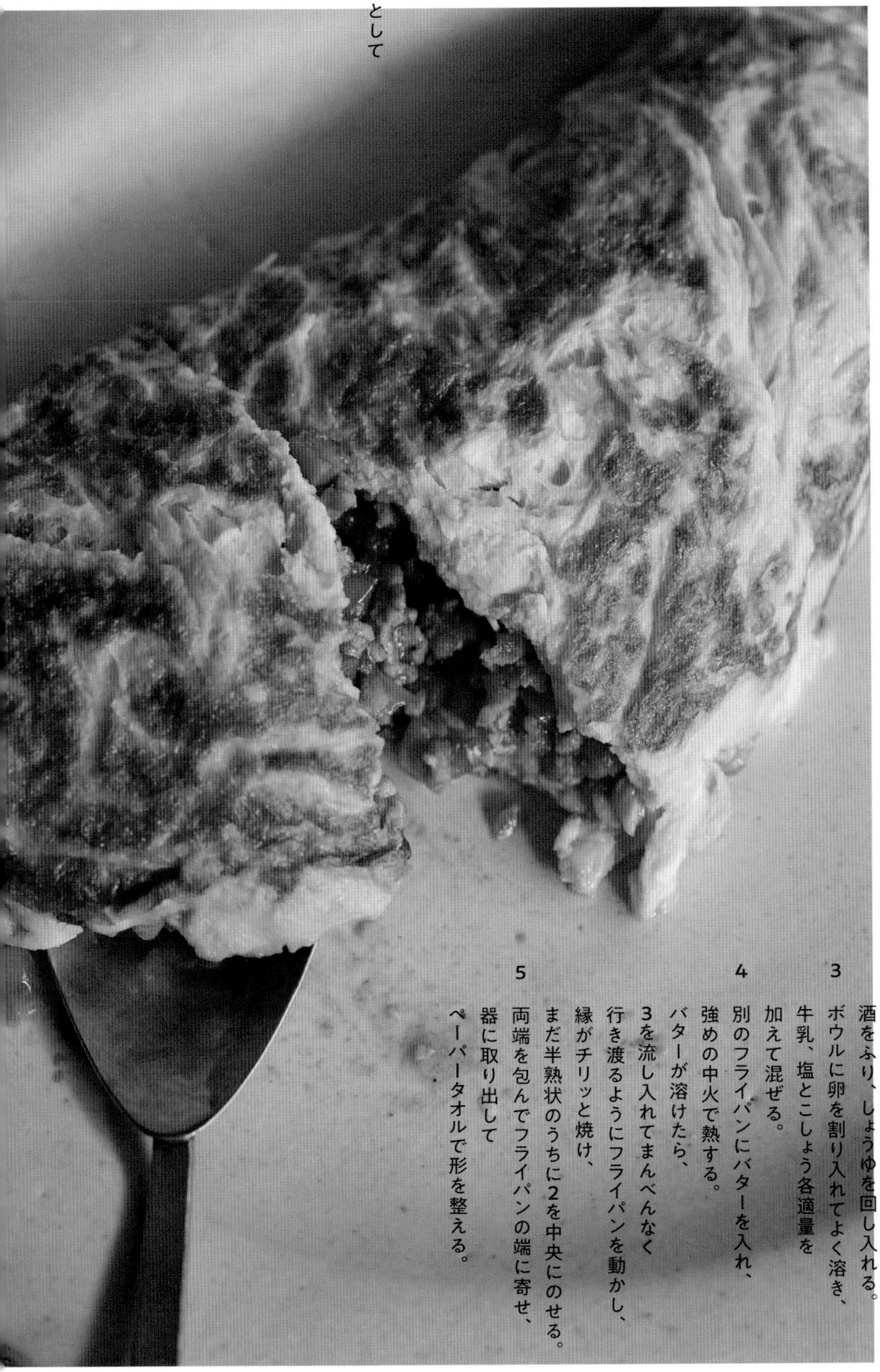

作り方

1　フライパンにサラダ油を中火で熱し、玉ねぎとしいたけを炒め、塩とこしょう各少々をふって2分ほど炒める。

2　挽き肉を加えてさらに2分ほど炒め、トマトケチャップを加えてよく炒め合わせ、酒をふり、しょうゆを回し入れる。

3　ボウルに卵を割り入れてよく溶き、牛乳、塩とこしょう各適量を加えて混ぜる。

4　別のフライパンにバターを入れ、強めの中火で熱する。バターが溶けたら、3を流し入れてまんべんなく行き渡るようにフライパンを動かし、縁がチリッと焼け、まだ半熟状のうちに2を中央にのせる。

5　両端を包んでフライパンの端に寄せ、器に取り出してペーパータオルで形を整える。

ふんわりカニ玉

家族で通った中華料理店のカニ玉が大好物でした。お店はなくなってしまったけど、その味を再現。

材料（2人分）
カニ缶（またはカニのほぐし身）　80g（正味）
卵　4個
茹でたけのこ　小1本（細切りにする）
三つ葉　½束（3cm幅に切る）
長ねぎ　½本（縦半分に切って5mm幅の斜め切りにする）
しょうが　½かけ（せん切りにする）
あん
水（あればだし汁）　¾カップ
酒　小さじ2
しょうゆ　小さじ1
片栗粉　小さじ1
鶏ガラスープの素　小さじ¼
塩　小さじ¼
サラダ油　適量

作り方

1　カニの身はほぐして軟骨があるようなら取り除き、ペーパータオルで水気をふく。

2　ボウルに卵を割り入れ、菜箸を立てて卵白が残る程度に20～30回溶き、三つ葉、塩とこしょう各少々（分量外）を加えて混ぜる。

3　フライパンにあんの材料を入れて中火にかけ、なめらかにとろみがつき、さらに少しサラッとした感覚になるまで煮立てる。

4　別のフライパンにサラダ油小さじ1を中火で熱し、長ねぎとしょうがをさっと炒め、香りが出たら、カニの身とたけのこを加える。長ねぎがしんなりするまで炒めたら、2の卵液に加えてひと混ぜする。

5　フライパンをペーパータオルでさっとふき、サラダ油大さじ3を中火で熱する。十分に温まったら、強火にして4を一気に流し入れて中央から大きく混ぜ、フライパンの片側に寄せる。片面が焼けたら裏返し、木ベラで4等分にざっくり割って器に盛り、熱々のあんをかける。

卵サラダとカレーキャベツのホットドッグ

朝から晩まで仕込んだ学生時代の思い出の味。カレー風味のキャベツが卵サラダに合うんです。

材料（2人分）
ソーセージ　4本
卵　2個（水から10分茹でる）
キャベツ
　2枚（せん切りにする）
ドッグパン　4本
　（縦に切り込みを入れる）
マヨネーズ　大さじ3
カレー粉　小さじ1
塩　適量
こしょう　適量
バター　大さじ2
サラダ油　適量
トマトケチャップ　適量
マスタード　適量

作り方

1 パンはオーブントースターで2分ほど軽く温め、切り口にバターを塗る。

2 フライパンにサラダ油小さじ1を中火で熱し、ソーセージを2分ほど焼いて取り出す。サラダ油大さじ1を入れ、再度弱めの中火で熱してキャベツをさっと炒める。水大さじ1を加え、塩とこしょうをふり、キャベツがしんなりしたらカレー粉を加えてさっと炒め合わせる。

3 ボウルに殻をむいた卵を入れてフォークなどで粗く潰し、マヨネーズ、塩小さじ$\frac{1}{6}$、こしょう少々を加えて混ぜる。

4 1のパンにカレーキャベツと3の卵サラダ各$\frac{1}{4}$量ずつを挟み、上にソーセージをのせる。残りも同様に挟み、トマトケチャップとマスタードをかける。

ふんわり卵

卵は調理によって、いろいろ形状が変わる楽しい食材。
ふんわり卵になったり、茹で卵になったり、目玉焼きになったり。
まずはみんな大好きなふんわり卵のレシピを紹介します。

材料（2人分）

溶き卵　3個分
豆苗　1パック
（根元を除いて半分に切る）
にんにく　1かけ（包丁の背で潰す）
しょうが　1かけ（しょうがは
皮つきのまま包丁の背で潰す）
酒　小さじ2
しょうゆ　小さじ1
塩　小さじ⅓
こしょう　少々
サラダ油　適量

作り方

1 豆苗は洗ってザルに上げ、塩をふる。
2 フライパンにサラダ油大さじ1を中火で熱する。十分に温まったら溶き卵を一気に流し入れ、ひと呼吸置いてゴムベラなどで大きくひと混ぜし、半熟の状態で取り出す。
3 同じフライパンににんにく、しょうが、サラダ油小さじ½を入れて弱火で熱し、香りが出るまで炒める。
4 **1**の豆苗を加えて強火でさっと炒め、酒とこしょうをふる。
5 鍋肌からしょうゆを回し入れ、卵を戻し入れてひと混ぜする。

コツ：

◉ 豆苗は炒める前に塩をふると塩味が馴染み、色よく仕上がる。
◉ しょうゆは鍋肌から加えて香ばしい風味をつける。

ふんわり卵のコツ

1 卵は軽く溶く

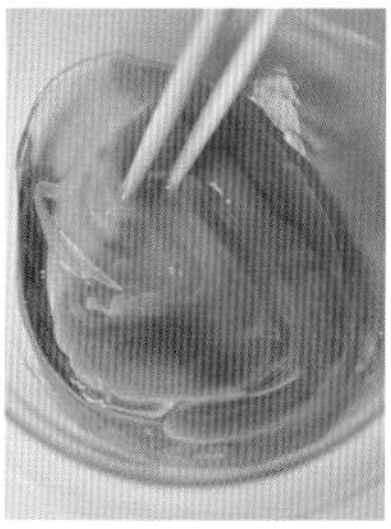

菜箸を使い、縦と横に各10回ずつ、計20回軽く溶いた卵を用意する。

2 フライパンは十分に温める

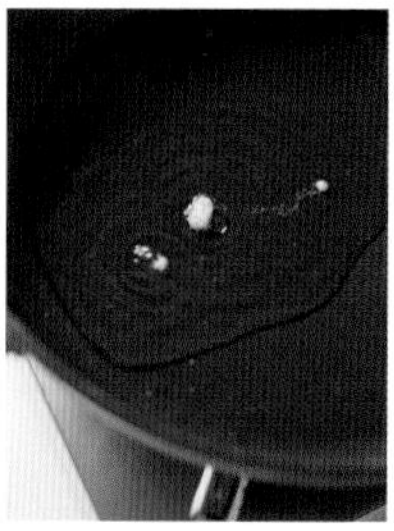

フライパンに油を入れて十分に温める。菜箸の先についた溶き卵がフライパンの上でジュッと音が立つまで十分に温まったら、溶き卵を一気に流し入れる。

3 軽く火を通す

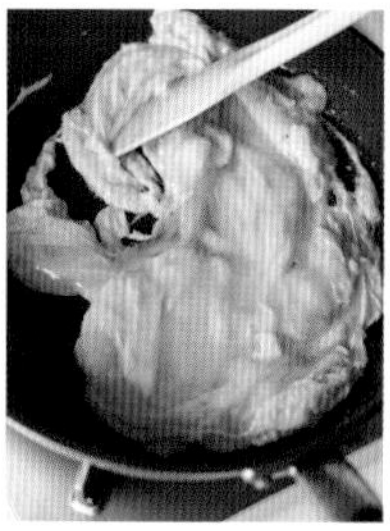

流し入れた溶き卵はひと呼吸置いて大きくひと混ぜする。

4 炒め過ぎない

卵は半熟の状態で一度取り出すか、ひと混ぜしたタイミングで火を通した具材などと合わせる。

ふんわり卵と豆苗の炒め

シャキシャキの豆苗がアクセント。
だから最後の最後に加えるのがコツです。

ふんわり卵のっけ もやしと豚肉の塩炒め

シンプルな材料で作る塩炒めは、
削り節で風味とコクを出します。

材料（2人分）
豚バラ薄切り肉
　100g（2㎝幅に切る）
溶き卵　3個分
もやし　1パック
　（できればひげ根を取り除く）
しょうが　½かけ
　（薄切りにする）
削り節　½パック（約2g）
酒　大さじ1
しょうゆ　適量
塩　適量
こしょう　適量
サラダ油　適量

作り方
1 豚肉は塩とこしょう各少々をふる。もやしは洗ってザルに上げ、塩小さじ¼をふる。
2 フライパンにサラダ油小さじ2を弱火で熱し、しょうがを香りが出るまで炒める。
3 香りが出たら中火で豚肉を1分半ほど炒める。もやしを加えてさっと炒め合わせ、酒、こしょう少々をふる。鍋肌からしょうゆ少々をひと垂らしして香ばしい風味をつけ、器に盛る。
4 3のフライパンをペーパータオルでさっとふき、サラダ油大さじ1を入れて中火でよく熱する。
5 十分に温まったら溶き卵を一気に流し入れ、ひと呼吸置いて大きくひと混ぜし、半熟の状態で3にのせる。削り節をふり、しょうゆを回しかける。

コツ：
◉ もやしは炒める前に塩をふると、塩味が馴染む。

長いもとグリンピースの卵とじ

長いも同様に火が通りやすいかぶで作っても。炒めた挽き肉と合わせても美味しい一品。

材料（2人分）

溶き卵　3個分

長いも　150g

（皮をむいて1cm角に切る）

グリンピース（生）　60g（正味）

A
- だし汁　½カップ
- みりん　小さじ2
- 薄口しょうゆ　小さじ1弱

作り方

1　グリンピースは塩小さじ1（分量外）を加えた水1カップに10分ほど浸す。

2　鍋にA、長いも、水気をきったグリンピースを入れて中火にかけ、やわらかくなるまで5〜6分煮る。途中アクが出てきたら取り除く。

3　火を弱め、溶き卵半量を菜箸に伝わせながら加え、ひと呼吸置いて残りの溶き卵を一気に回し入れ、蓋をして1分ほど蒸らす。

コツ：

◉ グリンピースは塩水に浸すとふっくらとして塩味が馴染み、色よく仕上がる。

◉ 長いもは沸騰する前に加えることで、汁にとろみがつく。

ふんわり卵とにんじんとちくわの炒め

卵とちくわって合うんです！
にんじんの食感もよく、晩酌のおともにも。

材料（2人分）
溶き卵　3個分
にんじん
　2本（せん切りにする）
ちくわ　3本（縦半分に切って
　斜め薄切りにする）
青のり　大さじ1
白炒りごま　大さじ1
みりん　小さじ1
薄口しょうゆ　小さじ1
塩　適量
サラダ油　適量

作り方
1 溶き卵に青のりと塩少々を加えて混ぜる。
2 フライパンにサラダ油大さじ1を中火で熱し、にんじんを入れて塩少々をふり、しんなりするまで2分ほど炒める。
3 ちくわを加えてさっと炒め合わせ、みりん、薄口しょうゆ、ごまを加えて味を調える。
4 ちくわとにんじんをフライパンの端に寄せ、空いた部分にサラダ油大さじ2を足し、1の溶き卵を一気に流し入れる。ひと呼吸置いてゴムベラなどで大きくひと混ぜし、半熟の状態でちくわとにんじんと炒め合わせて器に盛る。

コツ：
◉ にんじんは最初に塩をふって炒めると色よく仕上がり、卵とも馴染む。
◉ 卵は大きくさっと炒め、半熟に仕上げる。

海老と玉ねぎたっぷりのふんわり卵とろとろだしあんかけ

少し濃いめのあんが
プリプ食感の海老とふんわり卵を包みます。

材料（2人分）

海老　8尾（殻と背ワタを除く）
溶き卵　4個分
玉ねぎ　½個
（7㎜幅のくし形切りにする）
しょうが　½かけ
（せん切りにする）

A
だし汁　1カップ
しょうゆ　大さじ1と½
砂糖　小さじ1
片栗粉　小さじ1

酒　小さじ2
片栗粉　適量
塩　適量
こしょう　適量
ごま油　適量

作り方

1 海老はボウルに入れる。片栗粉と塩を加え、軽くもんで汚れを取る。水で洗ってペーパータオルで水気をふき、塩とこしょう各適量で下味をつける。

2 フライパンにごま油大さじ1を弱火で熱し、しょうがを香りが出るまで炒める。

3 海老と玉ねぎを加え、中火で1分半ほど炒めて酒をふる。

4 海老と玉ねぎをフライパンの端に寄せ、空いた部分にごま油大さじ1を足して溶き卵を一気に加える。ひと呼吸置いてゴムベラなどで大きくひと混ぜし、半熟の状態で海老と玉ねぎと炒め合わせて器に盛る。

5 ペーパータオルでフライパンをさっとふいてAを入れて中火にかけ、煮立ってとろみが出たら4にかける。

コツ：

◉ 海老は片栗粉と塩で洗うと、汚れと臭みが取れる。

ふんわり卵のせり鍋

やわらかいささみに、ふんわり卵の鍋です。
おろししょうがをたっぷり入れても。

材料（2〜3人分）

鶏ささみ　4本
（そぎ切りにする）
溶き卵　4個分
せり　1束（根と根元をよく洗って4cm長さに切る）

A
だし汁　大さじ4
みりん　小さじ2
薄口しょうゆ　小さじ1

B
だし汁　4カップ
酒　大さじ2
みりん　大さじ2
薄口しょうゆ　小さじ2
塩　少々

片栗粉　適量
サラダ油　適量
黒七味（または七味）　適宜

作り方

1　鶏ささみは片栗粉を薄くはたく。溶き卵にAを加えてよく混ぜる。

2　フライパンにサラダ油大さじ1を中火で熱し、十分に温まったら1の溶き卵半量を入れる。ひと呼吸置いて菜箸でくるくると混ぜ、まだ表面がややかたまっていない状態で丸く焼いて取り出す。残りの溶き卵も同様に焼く。

3　土鍋にBを入れて中火にかける。沸いてきたら鶏ささみを加え、汁にとろみがつくまで2分ほど煮る。アクが出たら取り除く。

4　3に2の卵焼きを滑らせるように加えてさっと煮て、せりを加える。好みで黒七味をふる。

コツ：

◉　鶏ささみに片栗粉をはたくとやわらかくなり、また汁にもとろみがつく。

ふんわり卵のチキンスープ

骨つき肉だからだしいらず。
溶き卵は最後に加えて一瞬で仕上げます。

材料（2人分）

骨つき鶏もも肉　1本
（小さめのぶつ切りにする）
溶き卵　2個分
長ねぎ　½本（斜め薄切りにする）
しょうがの薄切り（皮つき）　4枚
韓国唐辛子のたれ
　長ねぎの小口切り　¼本分
　粉唐辛子（粗挽き）　大さじ1
　しょうゆ　大さじ1
　ごま油　大さじ1
酒　大さじ2
塩　小さじ⅓

作り方

1　鶏肉は塩をふって10分ほど置き、下味をつける。出てきた水気はペーパータオルでふく。韓国唐辛子のたれの材料は混ぜておく。

2　鍋に水2と½カップ、酒、鶏肉、しょうがを入れて中火にかける。沸いたら、弱めの中火で15分ほど煮る。アクが出たら取り除く。

3　長ねぎを加えてさらに5分ほど煮て、具材を器に盛る。スープは煮立たせ、溶き卵を少しずつ加えてレードルなどで大きく混ぜすぐに火を止めて器に注ぎ、たれを添える。

ユッケジャン

辛みのあるスープも卵が入れば、マイルドに。
ご飯を加えてクッパにしても。

材料(2人分)
牛切り落とし肉　150g
A
コチュジャン　大さじ2
しょうゆ　大さじ2
ごま油　大さじ1
粉唐辛子(粗挽き)　小さじ2
にんにくのすりおろし　小さじ1
しょうがのすりおろし　小さじ1
溶き卵　3個分
豆もやし　½袋
にら　½束(4cm長さに切る)
白すりごま　大さじ1
ごま油　小さじ2

作り方
1 ボウルにAを入れて混ぜ、牛肉を加えてもむように15分ほど置き、下味をつける。
2 鍋にごま油を中火で熱し、1を入れて2分ほど炒める。
3 水3カップを加えて煮立て、さらに豆もやしを加えて弱めの中火で15分ほど煮る。出てきたアクは取り除く。
4 にらとごまを加えて煮立たせ、溶き卵を少しずつ加えてレードルなどで大きく混ぜ、すぐに火を止めて器に盛る。

トマトと卵のザーサイ炒め

完熟トマトの甘みと卵がマッチ。
ザーサイの塩気で食欲もアップする炒め物です。

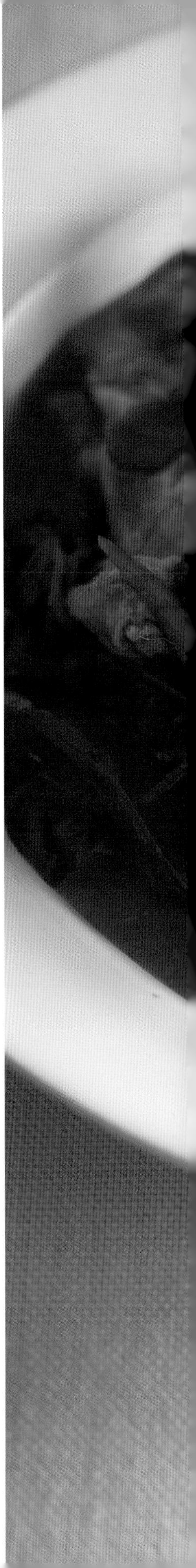

材料（2人分）

溶き卵　3個分
トマト（できれば完熟）　2個（ざく切りにする）
しょうが　1かけ（粗みじん切りにする）
香菜　適量（ざく切りにする）
ザーサイ（味つき）　30g（太めのせん切りにする）
オイスターソース　大さじ1
塩　少々
こしょう　適量
ごま油　適量
黒酢　適宜

作り方

1 フライパンにごま油大さじ1を中火で熱し、十分に温まったら溶き卵を一気に流し入れる。ひと呼吸置いてゴムベラで大きくひと混ぜし、半熟の状態で取り出す。

2 **1**のフライパンをペーパータオルでさっとふき、ごま油小さじ2を入れ、しょうがを香りが出るまで弱火で炒める。香りが出たら中火にし、

3 トマトとザーサイを加えてトマトの皮が弾けるまで2分ほど炒める。

4 卵を戻し入れてさっと混ぜ、オイスターソース、塩、こしょうで味を調える。器に盛って香菜を散らし、好みで黒酢を回しかける。

ふんわり卵と牛肉のオイスターソース炒め

濃厚なオイスター炒めにふんわり卵が絡みます。

材料(2人分)

牛切り落とし肉　150g
溶き卵　3個分
しいたけ　4枚(石づきを落として4等分に切る)
にんにく　1かけ(みじん切りにする)
しょうが　1かけ(みじん切りにする)

A
オイスターソース　小さじ2
しょうゆ　小さじ1
酢　小さじ1
砂糖　小さじ½

豆板醤　小さじ¼
酒　大さじ1
塩　少々
こしょう　少々
サラダ油　適量

作り方

1 牛肉は塩とこしょうで下味をつける。Aは混ぜておく。

2 フライパンにサラダ油小さじ2を中火で熱し、十分に温まったら溶き卵を一気に流し入れる。ひと呼吸置いてゴムベラなどで大きくひと混ぜし、半熟の状態で取り出す。

3 フライパンをペーパータオルでさっとふき、サラダ油小さじ2を入れ、しいたけをゴムベラなどでぎゅっと押さえながら2分ほど焼きつける。

4 しいたけ全体に焦げ色がついたら、牛肉を加えて色が変わる程度にさっと炒める。

5 しいたけと牛肉を端に寄せ、空いた部分ににんにく、しょうが、豆板醤を加えて香りが出るまで弱火で炒める。香りが出たら中火にし、全体に酒をふってさっと炒め合わせる。

6 Aを加えて味を調え、卵を戻し入れてひと混ぜする。

黄色い三宝菜

シンプルに具材は3種類のみ。
キャベツを白菜に代えても作れます。

材料(2人分)
溶き卵　3個分
キャベツ　2枚(3cm角に切る)
しいたけ　3個(石づきを落として5mm幅に切る)
長ねぎ　½本(1cm幅の斜め切りにする)
しょうが　1かけ(せん切りにする)
A
水　1カップ
酒　小さじ2
しょうゆ　小さじ1
片栗粉　小さじ2
鶏ガラスープの素　小さじ½
塩　小さじ½
サラダ油　適量

作り方
1　キャベツはさっと熱湯をかけるか、耐熱容器に入れてふんわりとラップをして600Wの電子レンジに1分かける。Aは混ぜておく。
2　フライパンにサラダ油大さじ1を中火で熱し、十分に温まったら、溶き卵を一気に流し入れる。ひと呼吸置いてゴムベラで大きくひと混ぜし、半熟の状態で取り出す。
3　フライパンをペーパータオルでさっとふき、サラダ油小さじ2を入れる。弱火で長ねぎとしょうがを炒める。香りが出たら、中火にしてキャベツとしいたけを加えて1分ほど炒める。
4　Aを加えて煮立たせ、とろみがついたら卵を戻し入れてひと混ぜする。

九条ねぎとしらすのだし巻き卵

卵をたっぷり使っただし巻き卵は、
お弁当に入れても喜ばれる一品です。

材料（2人分）

卵　6個

A
- だし汁　大さじ9
- 酒　小さじ2
- みりん　小さじ2
- 薄口しょうゆ　大さじ½

九条ねぎ　2本（小口切りにする）
しらす　大さじ3
サラダ油　適量

作り方

1. ボウルに卵を入れてよく溶きほぐす。Aを加えて混ぜ、さらに九条ねぎとしらすを加えて混ぜる。
2. 卵焼き器、またはフライパンにサラダ油を中火で熱し、卵液がジュッと音を立てる程度になったらペーパータオルで全体をさっとふく。
3. 卵液⅕量を流し入れる。膨らんだ部分は菜箸でつついて潰し、表面が半熟になるまで焼き、3回巻く（寄せるだけでもよい）。
4. 空いた部分にサラダ油を含ませたペーパータオルで油を引く。
5. 同量の卵液を流し入れ、焼けた卵を持ち上げて下側にも卵液をまんべんなく流し込み、同様に焼く。卵液がなくなるまで繰り返す。
6. 厚手のペーパータオルか、巻きすに取り出して包んで形を整え、3分ほど余熱で火を通して食べやすい大きさに切る。

だし巻き卵のコツ

1　卵焼き器は十分に温める

菜箸の先についた卵液が卵焼き器、またはフライパンの上でジュッと音が立つまで十分に温める。

2　最初に入れた卵液は形を気にしない

最初の卵液は上手に巻けなければ、端に寄せるだけでもよい。

3　端にもしっかり火を通す

端にきちんと火が入っていると巻きやすくなる。フライパンを動かしながらまんべんなく火を入れる。

4　菜箸を刺して巻くとよい

焼いた卵が重くなってきたら横から菜箸を刺すと、巻きやすい。

材料（2人分）
卵　3個
A　酒　大さじ1
　しょうゆ　大さじ½
　砂糖　小さじ1
青じそ　5枚（ひと口大にちぎる）
貝割れ菜　½（根元を落として2㎝長さに切る）
白炒りごま　小さじ1
しょうゆ　適量
サラダ油　適量

作り方
1　卵はボウルに入れてよく溶きほぐし、Aを加えて混ぜる。青じそと貝割れ菜は水にさらし、水気をきる。
2　卵焼き器、またはフライパンにサラダ油を中火で熱し、卵液がジュッと音を立てる程度になったらペーパータオルで全体をさっとふく。
3　卵液⅓量を流し入れる。膨らんだ部分は菜箸でつついて潰し、表面が半熟になるまで焼き、3回巻く。
4　空いた部分にサラダ油を含ませたペーパータオルで油を引く。
5　同量の卵液を流し入れ、焼けた卵を持ち上げて下側にも卵液をまんべんなく流し込み、同様に焼く。卵液がなくなるまで繰り返す。
6　焼き上がったら食べやすい大きさに切って器に盛り、1の薬味とごまを散らしてしょうゆをかける。

薬味たっぷり卵焼き

青じその香りと貝割れ菜のシャキシャキ感。ほんのり甘い卵はしょうゆをかけて。

たらこの卵焼き

たらこの塩気があるから味つけはシンプルに。
大根おろしをたっぷり添えてどうぞ。

材料（2人分）

卵　3個
たらこ　½腹分
（包丁で切り込みを入れてスプーンなどでしごく）
みりん　大さじ1
しょうゆ　小さじ½
サラダ油　小さじ1
大根おろし　適量
しょうゆ　適量

作り方

1　卵はボウルに入れてよく溶きほぐし、たらこ、みりん、しょうゆを加えて混ぜる。

2　卵焼き器、またはフライパンにサラダ油を中火で熱し、卵液がジュッと音を立てる程度になったらペーパータオルで全体をさっとふく。

3　卵液⅓量を流し入れる。膨らんだ部分は菜箸でつついて潰し、表面が半熟になるまで焼き、3回巻く。

4　空いた部分にサラダ油を含ませたペーパータオルで油を引く。

5　同量の卵液を流し入れ、焼けた卵を持ち上げて下側にも卵液をまんべんなく流し込み、同様に焼く。残りの卵液も同様に巻く。

6　焼き上がったら食べやすい大きさに切って器に盛り、大根おろしをのせてしょうゆをかける。

肉あん入り 中華茶碗蒸し

蒸している間に挽き肉の肉汁が卵に溶け出します。
ふわふわゆるゆるの口当たり優しい茶碗蒸し。

材料（2〜3人分）

A
- 卵　2個
- 水　2と½カップ
- しょうゆ　小さじ1
- 塩　少々

B
- 豚挽き肉　100g
- 長ねぎ　¼本（みじん切りにする）
- しょうが　½かけ（みじん切りにする）
- 干し海老　大さじ2（ぬるま湯¼カップで20分戻す）
- ザーサイ（味つき）　30g（粗みじん切りにする）
- しょうゆ　小さじ1
- 砂糖　ひとつまみ
- 塩　ひとつまみ

長ねぎ　½本
（繊維に沿ってせん切りにして水にさらす）
ごま油　小さじ2

作り方

1 ボウルに卵を割りほぐし、残りのAを加えてよく混ぜる。
2 別のボウルにBをすべて入れてよく練り混ぜ、どんぶりの底に広げる（写真a）。
3 2に卵液をザルなどで漉しながらそっと流し入れ、蒸気の上がった蒸籠に入れる。菜箸を渡し、蒸気が逃げるようにして強めの中火で20分ほど蒸す。竹串を刺して何もつかないようなら蒸し上がり。
4 小さめのフライパンに強火でごま油を熱する。茶碗蒸しに水気をきった長ねぎをのせ、上から熱々のごま油を回しかける。

コツ：
◉ 挽き肉を加えているので、だしではなく水で卵液を作る。
◉ 菜箸を渡して蒸気を逃すと、すが立ちにくくなる（写真b）。

a

b

茹で卵

ふんわり卵とは違う美味しさを体感できる茹で卵。
ボリュームもアップして主役になったり、脇役になったり。
卵は好みの茹で加減で調理してください。

手羽元と半熟卵の黒酢煮込み

ほろっとやわらかい鶏肉に、
卵の黄身と濃いめのたれでご飯が進みます。

材料（2人分）

鶏手羽元　4本（裏に骨に沿って切り込みを入れる）
卵　5個（常温に戻して沸騰した湯で6分茹でる）
にんにく　2かけ（薄切りにする）
A
水　1と½カップ
黒酢　大さじ2と½
酒　大さじ1と½
砂糖　大さじ1と½
しょうゆ　大さじ1
ごま油　小さじ2

作り方

1 鶏手羽元はしょうゆ小さじ1（分量外）をまぶして10分ほど置き、下味をつける。卵は殻をむく。
2 フライパンにごま油を中火で熱し、鶏手羽元をこんがりと転がしながら全体を3分ほど焼く。
3 にんにくとAを順に加え、弱めの中火で落とし蓋をして10分ほど煮る。
4 落とし蓋を取り、卵を加えて煮汁を絡めるように中火で5分ほど煮詰める。

コツ：
◉ 卵は半熟のまま仕上げたいので、最後に加える。

茹で卵のコツ

1 卵は常温に戻す

冷蔵庫から取り出したばかりの冷えた卵を沸騰した湯で茹でてしまうと、茹でている最中に殻が割れやすくなる。また沸かした湯の温度も下がってしまう。

2 酢と塩適量を加えて茹でる

酢と塩はタンパク質をかためる効果があり、万が一卵の殻が割れてしまっても中身が広がりにくい。

3 半熟卵は熱湯から茹でる

半熟卵は、卵がしっかり浸る量の沸騰した湯で5〜6分茹でる。茹でたあとは冷水で急冷すると、殻がむきやすくなる。またそのまま水に長く入れておくと、殻がきれいにむけなくなるので注意する。

4 固茹で卵は水から茹でる

卵白も卵黄も火が通った固茹で卵は、水から中火で10分茹でる。卵は冷えた状態でもよい。茹でたあとは急冷すると、殻がむきやすくなる。

卵の肉巻き

お弁当のおかずにも大絶賛間違いなし。
牛肉で巻いても、豚肉で巻いても。

材料（2人分）
牛もも薄切り肉　4枚
卵　4個（常温に戻して
　沸騰した湯で5～6分茹でる）
しょうがの薄切り　2枚
　だし汁（または水）
　　¼カップ
A
　酒　大さじ2
　しょうゆ　大さじ1と⅓
　みりん　大さじ1
　砂糖　大さじ1
薄力粉　適量
サラダ油　小さじ1

作り方
1　牛肉はまな板に広げ、
　薄力粉を薄くはたく。
　薄力粉をふった牛肉に、
　殻をむいた卵をのせて
　端からくるくると巻く（写真a）。
　はがれそうときは外側にも薄力粉をふる。
2　小さめのフライパンに
　サラダ油を中火で熱し、
　1を転がしながら表面を焼く。
　全体に焼き色がついたら
　しょうがとAを順に加え、
　ときどき転がして
　煮汁にとろみがつくまで7～8分煮る。

コツ：
◉ 肉は2重、3重になっている
　部分があるので、転がしながらよく焼く。
◉ たれに水分が入っていると、火が入りやすい。

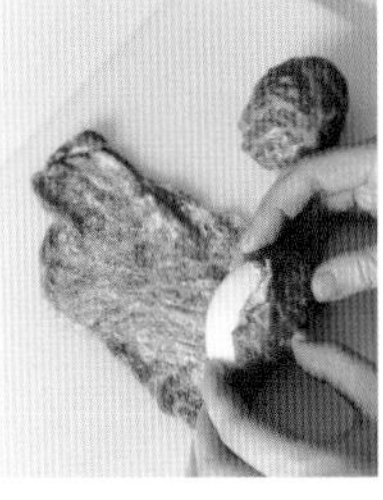

a

うずらたっぷり親子肉じゃが

ころころのうずら卵がたっぷり。
挽き肉でも、ボリュームが出ます。

材料（作りやすい分量）

鶏挽き肉　100g
うずら卵　10個
（水から3分茹でる）
じゃがいも　3個（4等分に切って水に5分さらす）
玉ねぎ　¼個（1cm幅のくし形切りにする）
A
水　1と½カップ
しょうゆ　大さじ2と½
酒　大さじ2
砂糖　大さじ2

作り方

1 卵は殻をむく。
2 鍋に挽き肉とAを入れてよく混ぜ、水気をきったじゃがいも、玉ねぎ、卵を加えて中火にかける。
3 煮立ったらアクを取り除き、落とし蓋をして15分ほど煮る。じゃがいもに竹串がすっと刺さるまで中火で煮る。

コツ：

◉ 挽き肉はダマができないように火をつける前にAを加えてほぐす。

うずらたっぷりがんもどき

揚げ立てのがんもは最高に美味しい。
たっぷりのうずら卵を包んでじっくり揚げます。

材料（2人分）

うずら卵　10個（水から3分茹でる）
木綿豆腐　1丁（300g）
芽ひじき　2g
（さっと洗って水で5分戻して水気をきる）
大和いも　30g（皮をむいてすりおろす）
片栗粉　小さじ2
塩　小さじ⅓
揚げ油　適量
溶きがらし　適宜
しょうゆ　適宜

作り方

1 豆腐は厚手のペーパータオルで包み、重石をしてしっかり水きりをする。すり鉢でするか、ポリ袋などに入れてよくもむ。卵は殻をむく。

2 ボウルに豆腐を入れ、芽ひじきと大和いもを加えてよく混ぜる。さらに片栗粉と塩を加えて混ぜる。

3 2等分にして卵を5個ずつ入れてそれぞれ丸める（写真a）。

4 揚げ油を170度に温め、**3**を静かに入れてときどき返しながら10分ほどじっくり揚げる。好みで溶きがらしとしょうゆを添える。

a

卵しゅうまい

普通のしゅうまいよりもふんわりやわらか。
華やかで、おもてなしにも喜ばれる一品です。

材料（2人分）

豚挽き肉　200g
卵　2個（水から10分茹でる）
玉ねぎ　½個（粗みじん切りにする）
しゅうまいの皮　18枚
片栗粉　小さじ2

A
しょうがのすりおろし　½かけ分
ごま油　大さじ1
水　大さじ1
酒　大さじ½
しょうゆ　大さじ½
砂糖小さじ¼
塩　小さじ¼
こしょう　適量

作り方

1　卵は殻をむき、卵白と卵黄に分ける。それぞれザルで細かく裏漉す（写真a・b）。卵白はみじん切りにしてもよい。
2　ボウルに挽き肉を入れてよく練り混ぜ、粘り気を出す。玉ねぎは片栗粉をふる。
3　2の肉にAを加えてよく練り合わせ、卵白と玉ねぎを加えてさらに練る。
4　あんの1/18量をしゅうまいの皮に平たくのせる。ナイフなどでぎゅっと押さえるようにして親指と人差し指で包み、表面と底面を平らにする。残りも同様に包む。
5　4の表面に細かく漉した卵黄をぎゅっと押しつけ（写真c）、オーブンシートを敷いた蒸籠に並べる。
6　鍋に湯を沸かし、蒸籠をのせて5～6分蒸す。

コツ：
◉　片栗粉をふることで、みじん切りにした玉ねぎから水分が出にくくなる。

a

b

c

あさりと卵のココナッツ煮込み

あさりの旨みとだしがたっぷりの煮込み。
そうめんを入れたり、パンを浸しても美味しい。

材料（2人分）

あさり　250g
（塩水で砂出しして流水でこすり洗いする）
卵　4個（水から8分茹でる）
にんにく　1かけ
（包丁の背で潰す）
赤唐辛子　1本
（半分に折って種を取り除く）

A
- ココナッツミルク　1カップ
- 水　1カップ
- 酒　大さじ2
- ナンプラー　大さじ½

ピーナッツバター（加糖）　大さじ1
バター　小さじ2
レモン　適宜

作り方

1. 卵は殻をむき、Aは混ぜておく。
2. フライパンにバターを入れて弱火で熱し、溶けたらにんにくと赤唐辛子を香りが出るまで炒める。
3. 香りが出たら中火にしてあさりを加えてさっと炒め、Aを加えてあさりの口が開くまで弱めの中火で3分ほど煮る。
4. 卵とピーナッツバターを加え、さらに3分ほど煮る。
5. 器に盛り、好みでレモンを搾る。

コツ：

● ピーナッツバターを入れるとコクが出る。なければ、白すりごまを使っても。

スコッチエッグ

冷凍卵でとろとろの卵に。
転がしながらじっくり揚げましょう。

材料（2人分）

合挽き肉　200g
卵　4個
（卵は保存袋に入れてひと晩冷凍する）
キャベツ　2枚（せん切りにする）
紫キャベツ　½枚（せん切りにする）
トマト　1個
（4等分のくし形切りにする）
きゅうりの薄切り　6枚

A
玉ねぎ　¼個（みじん切りにする）
パン粉（生）　⅓カップ
牛乳　大さじ2
トマトケチャップ　大さじ1
こしょう　適量
ナツメグ　適量

薄力粉・溶き卵・
パン粉（生）・揚げ油　各適量
中濃ソース　適量

作り方

1　キャベツと紫キャベツは合わせ、水にさらして水気をきる。

2　大きめのボウルに挽き肉と塩小さじ⅓（分量外）を入れてよく練り混ぜ、Aを加えてさらによく練る。

3　冷凍した卵（写真a）は流水で濡らして殻をむく。薄力粉をまぶし、1個ずつ**2**の¼量で包み（写真b）、薄力粉、溶き卵、パン粉の順に衣をつける。

4　揚げ油を170度に温め、**3**を10～12分転がしながらきつね色になるまでじっくり揚げる（写真c）。

5　器に盛って**1**のキャベツ、トマト、きゅうりを添え、中濃ソースをかける。

コツ：

◉ 生の食感を楽しむため、玉ねぎはあえて炒めない。

◉ 冷凍した卵はすぐに溶けてしまうので、素早くタネで包んで衣をつけて揚げる。

◉ 一度に揚げると油の温度が下がるので、2個ずつ揚げるとよい。

◉ 10分以上揚げれば、卵白がかたまり、卵黄がとろっと仕上がる。菜箸で挟んでみて、かたくなっていたら卵白がかたまっている証拠。

c

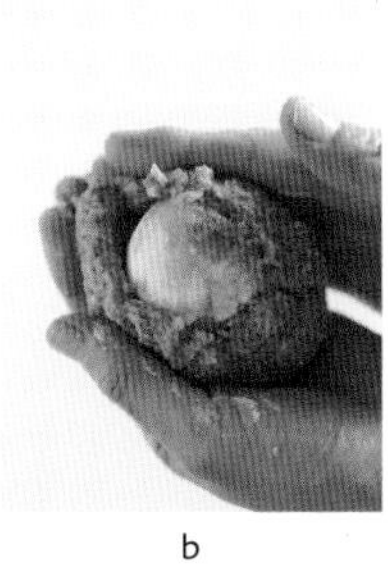

b

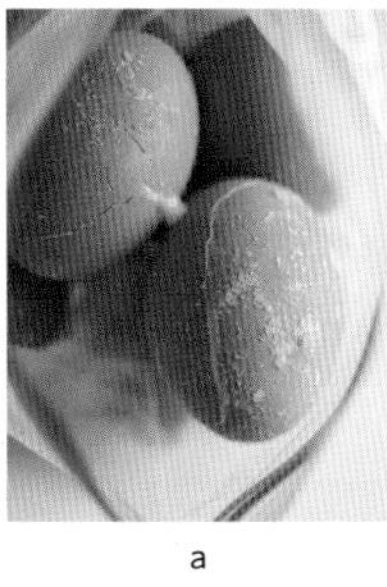

a

半熟卵とレタスのサラダ

和え立てを食べてもらいたい。シャキシャキしたレタスが茹で卵と絡みます。

材料（2人分）

卵　4個（常温に戻して沸騰した湯で6分茹でる）
レタス　4枚
パセリのみじん切り　大さじ2
粗挽き黒こしょう　適量

A
アンチョビ　1枚（包丁でたたく）
粉チーズ　大さじ2
ヨーグルト（無糖）　大さじ2
マヨネーズ　大さじ2
にんにくすりおろし　少々

塩　適量
こしょう　適量

作り方

1　卵は殻をむき、Aは混ぜておく。レタスは水にさらして水気をきり、ひと口大にちぎる。

2　大きめのボウルにレタス、パセリ、粗挽き黒こしょう、Aを入れる。卵を3〜4等分に手で割って加え、サーバー、または大きめのスプーンと手でふわっと混ぜる。塩とこしょうで味を調え、器に盛る。

割り卵とソーセージのグラタン

茹で卵を割ってたっぷり入れた卵がごろごろグラタン。
市販のホワイトソースを使えば、さらに手軽に。

材料（作りやすい分量）

卵　4個（常温に戻して沸騰した湯で10分茹でる）
ソーセージ　4本（2cm幅に切る）
玉ねぎ　¼個（薄切りにする）
ホワイトソース
　牛乳　2カップ
　生クリーム　½カップ
　バター　大さじ3
　薄力粉　大さじ3
　塩　小さじ½
　こしょう（またはナツメグ）　適量
バター　小さじ2
好みのチーズ（グリュイエルチーズ、ピザ用チーズ、粉チーズなど）　適量
パン粉・バター　各適量

下準備

○ 焼くタイミングを見計らい、オーブンを200度に予熱する。

作り方

1 ホワイトソースを作る。厚手の鍋にバターを入れて弱めの中火にかける。バターが溶けたら薄力粉を加え、粉っぽさがなくなるまで炒める。沸騰直前まで温めた牛乳（電子レンジなら600Wで3分）を一気に加える。中火にして泡立て器でくるくると勢いよく混ぜ、とろりとしてきてふっと軽くなったら、塩とこしょうを加えて味を調える。生クリームを加えて混ぜ、粗熱が取れたらラップで表面を覆う。

2 フライパンにバターを入れて中火にかける。バターが溶けたら玉ねぎをしんなりするまで炒め、ソーセージを加えてさっと炒める。

3 ホワイトソース半量と2をさっくり混ぜてグラタン皿に入れ、殻をむいて手で半分に割った卵を並べる。さらに上から残りのホワイトソースをかけてチーズ、パン粉、1cm角に切ったバターをところどころに散らす。

4 温めたオーブンに入れ、こんがりと焼き色がつくまで15分ほど焼く。

うずら卵のミントソース

爽やかなミントのソースはオムレツや、魚のソテー、スープに添えても。

材料（2人分）

うずら卵　10個（水から3分茹でる）

ミントソース（作りやすい分量）

ミントのみじん切り　ひとつかみ

イタリアンパセリのみじん切り　½パック

レモン果汁　大さじ½

オリーブオイル　大さじ2

ナンプラー　小さじ1

塩　小さじ¼

作り方

1　卵は殻をむき、ミントソースの材料は混ぜておく。

2　器に卵を盛り、ミントソース添える。

卵、トマト、パセリのサラダ

ソースのようにして楽しめるサラダです。
魚や鶏肉のソテーに添えても。

材料（2人分）
卵　2個（水から8分茹でる）
トマト　1個（5㎜角に切る）
パセリのみじん切り　大さじ3

A
にんにく　1かけ（包丁の背で潰す）
オリーブオイル　大さじ2
レモン果汁　大さじ1
塩　小さじ1/3
こしょう　適量

好みのパン（カンパーニュなど）の薄切り　4枚
オリーブオイル　適量
一味唐辛子　適量

作り方
1　卵は殻をむき、粗く刻む。
Aは混ぜ、にんにくの香りが移るまで5分ほど置く。
2　ボウルに卵、トマト、パセリを入れ、
Aを加えてさっくり和える。
3　パンはオーブントースターで軽く焼いて器に盛る。
オリーブオイルを回しかけ、
2を汁ごとかけて一味唐辛子をふる。

漬け卵

卵黄や茹で卵は漬けておくと常備菜として、とても重宝します。
お弁当はもちろん、おつまみにも。
気の利いた一品がささっと作れます。

卵黄味噌漬け

味噌に漬けた卵黄は黄金色に。
炊き立てのご飯があれば、贅沢な朝ご飯。

材料（作りやすい分量）
卵黄　6個
味噌　100g

作り方

1 バットなどに薄く味噌を敷き詰めてくぼみを作り、その上にペーパータオルを置き、卵黄を静かにのせる。
2 ラップなどを被せ、冷蔵庫で2日置くと食べ頃になる。

◎ **保存期間**　食べ頃から4日間

温かいご飯に削り節と卵黄味噌漬けをのせる。

卵黄しょうゆ漬け

コクがあって、塩気もあって、
調味料のように使えます。

材料（作りやすい分量）
卵黄　4個
しょうゆ　大さじ2強
みりん　大さじ1

作り方
1　小さめの容器に卵黄を入れ、しょうゆとみりんをそれぞれ¼量ずつ加える。
2　卵黄の大きさに切ったペーパータオルで蓋をし、1時間ほどで食べ頃になる。

保存期間
◎　食べ頃から3日間

油揚げの両面を魚焼きグリルか、
オーブントースターで焼く。
焦げ色がついたら3㎝幅に切り、
小口切りにした小ねぎを散らし、
卵黄しょうゆ漬けをのせる。

塩卵

殻ごと漬ける塩卵は殻をむいてそのまま、
サラダ、サンドイッチの具材にも。

材料（作りやすい分量）

卵　8個
塩　大さじ4（水の重量に対して13～15％の割合）
水　2カップ

作り方

1　卵は常温に戻して沸騰した湯で6分茹でる。
2　塩は水によく溶かしてポリ袋に入れる。
3　茹で上がったばかりの温かい卵を殻ごと2に漬ける。
冷めたら空気を抜いて絞り、冷蔵庫で1日置くと食べ頃になる。

コツ：
◉　すぐに漬けたい場合は、殻をむいて2％の塩水に漬けると8時間で食べ頃になる。

保存期間
◎　食べ頃から1週間

塩卵とカリフラワーのカルパッチョ風

薄切りカリフラワーにのせるだけ。
塩卵の塩気とミント、レモンのサラダ。

材料（2人分）

塩卵　2個
カリフラワー　⅓房（小房に分けて薄切りにする）
ミントの葉　適量
レモンの皮（ノーワックス）　適量（すりおろす）
オリーブオイル　大さじ1
塩　少々

作り方

1　塩卵は殻をむき、4等分に切る。
2　器にカリフラワーと**1**の塩卵を盛る。
オリーブオイルを回しかけて
塩をふり、ミントの葉とレモンの皮を散らす。

ピクルス卵

卵は水気が抜けて濃厚な味に。
うずら卵や、好みの野菜と合わせても。

材料（作りやすい分量）
卵　6個
にんにく　1かけ（包丁の背で潰す）
A
酢　1カップ
白ワイン　¾カップ
メープルシロップ　大さじ4
塩　大さじ½
赤唐辛子　1本
粒白こしょう　小さじ½
アニスシード　小さじ1
ローリエ　1枚
ディル　3〜4本

作り方
1　卵は水から10分茹でる。冷水に取り、冷めたら殻をむく。
2　鍋にAを入れて中火にかける。煮立ったら耐熱容器に移して卵とにんにくを加え、落としラップをしてそのままゆっくり冷ます。冷めたら冷蔵庫に入れて2日置くと食べ頃になる。

保存期間
◎　食べ頃から10日間

ピクルス卵とオーロラソース

生クリームはマヨネーズで代用しても。
シンプルだけど、気の利いたおつまみです。

材料（2人分）
ピクルス卵　2個
生クリーム　大さじ3
トマトケチャップ　大さじ3

作り方
1　オーロラソースを作る。ボウルに生クリームを入れて軽く泡立て、トマトケチャップを加えて混ぜる。
2　ピクルス卵を器に盛り、1を添える。

オイスター卵

お弁当に入れても、麺類のつけ合わせにも。
誰もが大好きな味玉は何かと便利です。

材料（作りやすい分量）

卵　4個

A
- 酒　大さじ2
- みりん　大さじ2
- 酢　大さじ2
- しょうゆ　大さじ2
- オイスターソース　大さじ1
- 砂糖　大さじ1
- 豆板醤　小さじ⅓
- 水　¼カップ
- にんにく　1かけ（包丁の背で潰す）

作り方

1. 卵は常温に戻して沸騰した湯で8分茹でる。冷水に取り、冷めたら殻をむく。
2. 鍋にAを入れて中火にかける。煮立ったら火を止め、粗熱を取る。
3. ポリ袋に卵を入れて**2**を注ぐ。空気を抜いて絞り、冷蔵庫でひと晩以上置くと食べ頃になる。

保存期間

◎　食べ頃から4日間

ジャスミン茶卵

殻ごと漬けるジャスミン茶卵。
ひびの間から香りと味が染み込みます。

材料（作りやすい分量）

- 卵　4個
- 水　1カップ
- ジャスミン茶（茶葉）　大さじ1
- 砂糖　大さじ2
- しょうゆ　大さじ2

作り方

1. 卵は常温に戻して沸騰した湯で8分茹でる。冷水に取り、冷めたら殻にひびを入れる。
2. 鍋に水を入れて中火にかける。沸騰したらジャスミン茶を入れる。中火で3分ほど煮出して砂糖としょうゆを加え、火を止めて粗熱を取る。
3. ポリ袋に卵を入れて**2**を注ぐ。空気を抜いて絞り、冷蔵庫でひと晩以上置くと食べ頃になる。

保存期間

◎　食べ頃から3～4日

蒸し鶏と漬け卵の意麺（イーミェン）風

ビーフンはそうめんにしても。
漬け卵あってこその簡単美味麺。

材料（2人分）

鶏むね肉　小1枚
オイスター卵　1個
ジャスミン茶卵　1個（殻をむく）
きゅうり　½本（太めのせん切りにする）
長ねぎ（青い部分）　1本（手で潰す）
しょうがの薄切り　2枚
ビーフン　60g
酒　大さじ2
ごま油　大さじ1
しょうゆ　大さじ1
オイスターソース　大さじ1
塩　小さじ⅓
こしょう　適量

作り方

1 鶏肉は塩とこしょうをふる。耐熱容器に入れ、酒をふり、長ねぎとしょうがをのせる。ふんわりとラップをして600Wの電子レンジで6分加熱する。10分そのまま置いて蒸らし、粗熱が取れたら細かくほぐす。

2 ビーフンはボウルに入れて熱湯を注いで15分ほど置き、水気をきる。食べやすい長さに切り、ボウルに入れてごま油で和えて器に盛る。

3 2に1の蒸し鶏、きゅうり、漬け卵をのせ、しょうゆとオイスターソースを混ぜてかける。

落とし卵

料理に割り落としてみたり、
熱い油で揚げてみたり、
湯の中で踊らせてみたり、
落とし卵は自由に楽しめます。

ピペラド

仕上げのオリーブオイルは香りづけ。
黄身のコクがトマトの酸味を包みます。

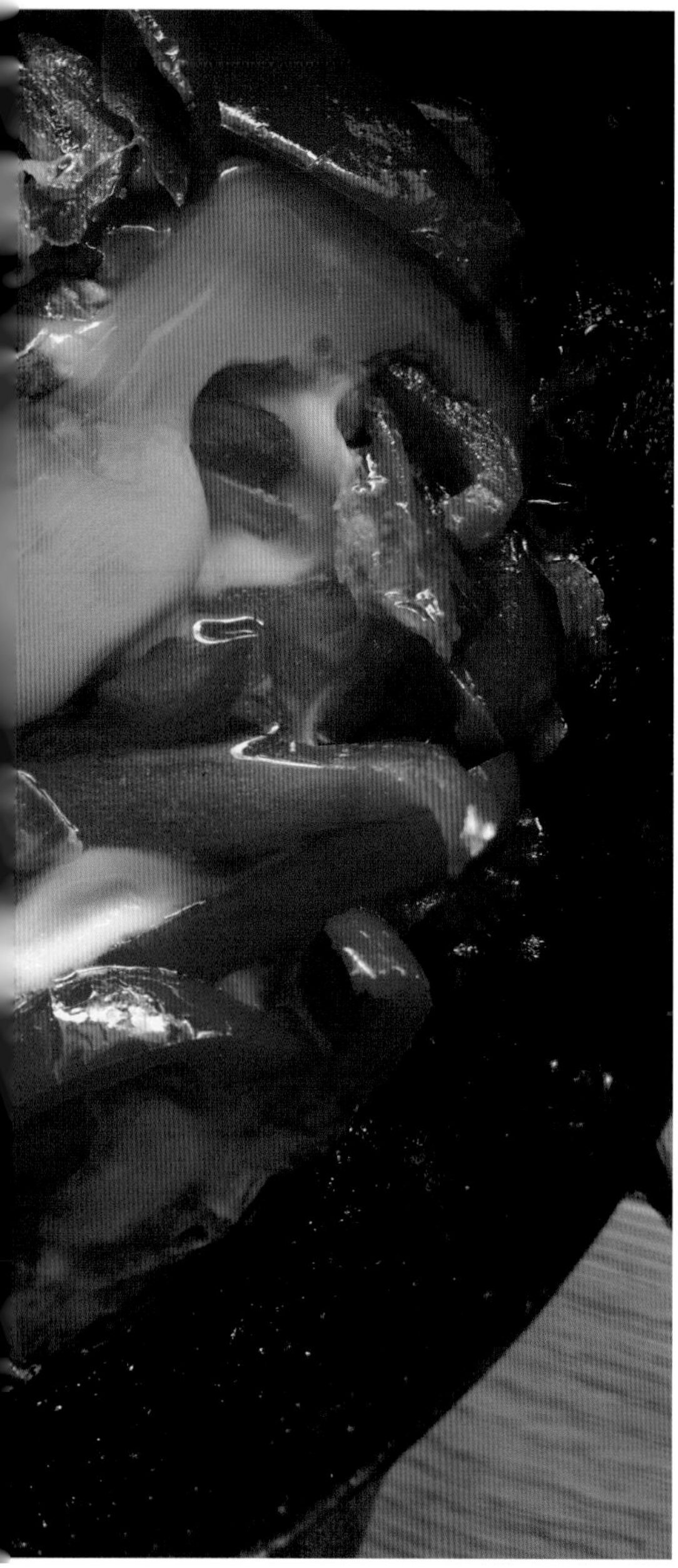

材料（2人分）

生ハム　2枚
卵　2個
パプリカ（赤）　1個（1㎝幅に切る）
ピーマン（赤・緑）　各1個（7㎜幅に切る）
トマト　1個（ざく切りにする）
玉ねぎ　¼個（薄切りにする）
にんにく　½かけ（粗みじん切りにする）
赤ワインビネガー　小さじ1
水　¼カップ
塩　小さじ½
オリーブオイル　適量

作り方

1　フライパンにオリーブオイル大さじ½を弱火で熱し、玉ねぎとにんにくを2分ほど炒める。しんなりしたら、パプリカとピーマンを加えて中火で3分ほど炒める。

2　トマトを加えて皮が少し弾けるまで3分ほど炒め、赤ワインビネガー、水、塩を加えて5〜6分煮る。

3　水分が飛んだらオリーブオイル大さじ½を回し入れて卵を割り入れる。卵黄を菜箸でつついて割り、さっと煮て、生ハムをちぎってのせる。

ロメインレタスのアンチョビ蒸し

半分に割ったロメインレタス、アンチョビ、卵をフライパンで蒸し焼きに。ビネガーでサラダのような味わいに仕上げます。

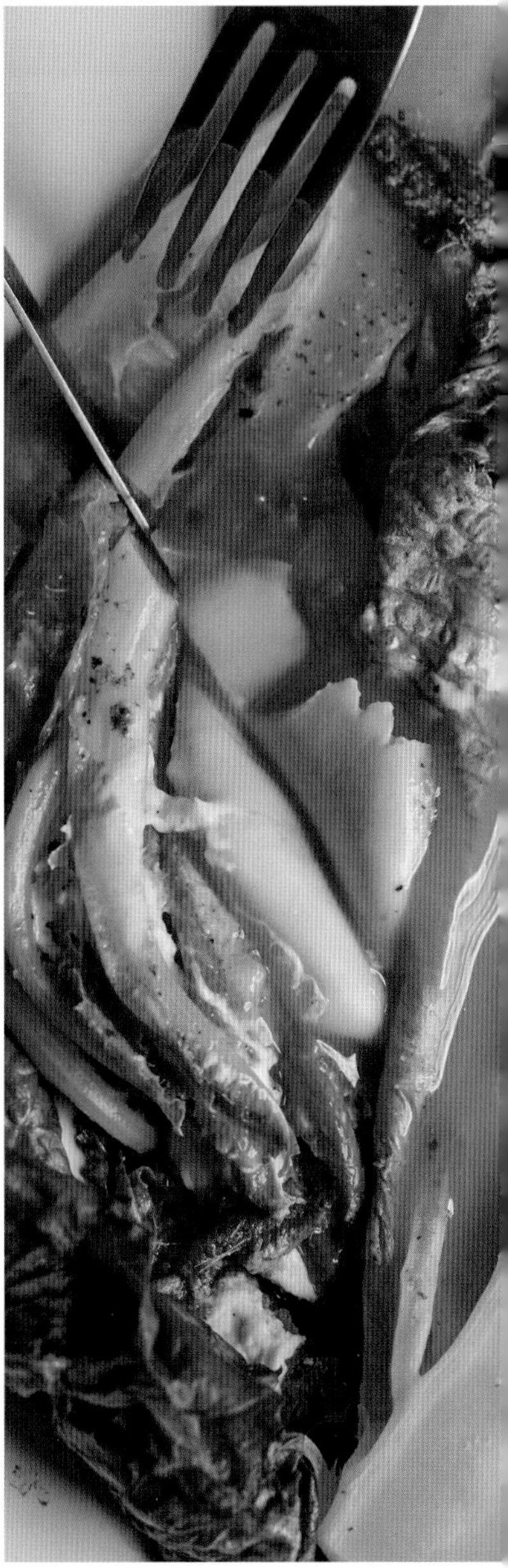

材料（2人分）

卵　3個
ロメインレタス　1株（さっと洗って半分に切る）
アンチョビ　3枚
オリーブオイル　大さじ1
白ワインビネガー（または酢）　小さじ2
塩　小さじ¼
こしょう　適量

作り方

1　ロメインレタスは水気がついたまま切り口を上にしてフライパンに並べる。卵をところどころに割り入れ、アンチョビをちぎってのせる。塩とこしょうをふり、オリーブオイルと白ワインビネガーを回し入れる。

2　蓋をして蒸気が出るまで強めの中火にかけ、蒸気が出たら弱火にして4〜5分蒸す。卵を潰すようにしながらロメインレタスをナイフで切って食べる。

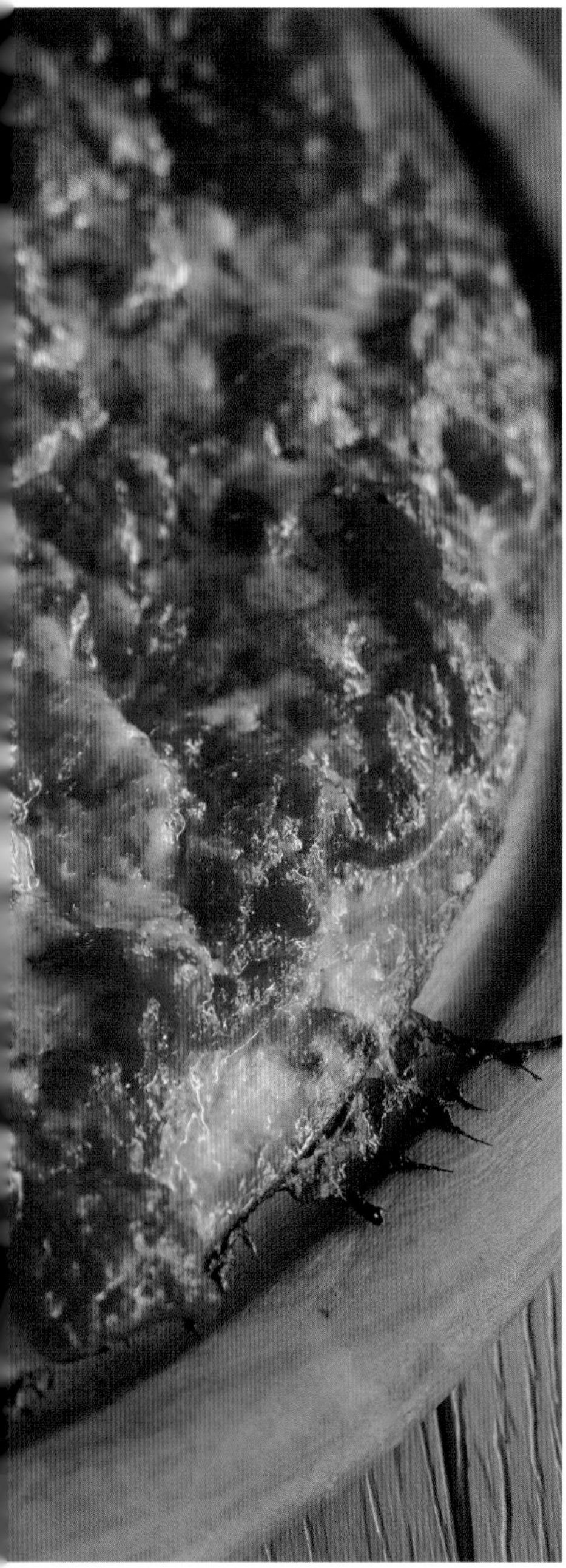

ポーチドエッグピザ

トマト缶はにんにくの香りを
移すだけで美味しいピザソースに。
ポーチドエッグをのせただけの
シンプルピザを楽しんで。

材料（2人分）

ポーチドエッグ
- 卵　1個
- 酢　大さじ1
- 塩　少々

ピザソース（作りやすい分量）
- カットトマト缶　1缶（400g）
- にんにく　1かけ（包丁の背で潰す）
- オリーブオイル　大さじ2
- 塩　小さじ½

ピザ生地（市販品）　1枚
オリーブオイル　小さじ2
チーズ*　40g（すりおろす）

*ペコリーノ・ロマーノとパルミジャーノ・レッジャーノを合わせて40g。またはどちらかでも。

下準備

○ 焼くタイミングを見計らい、オーブンを280〜300度に予熱する。

作り方

1 ポーチドエッグを作る。鍋に水3カップを沸かして酢と塩を加え、フツフツと泡立つ程度の火加減にする。くるくると一定方向に湯をかき混ぜて渦を作る（写真a）。その渦にあらかじめ割っておいた卵を静かに入れる（写真b）。卵白がかたまってきたら表面をフォークなどで整え、2〜3分茹でて網じゃくしなどですくう（写真c）。

2 ピザソースの材料は混ぜて15〜20分置く。

3 オーブンシートにピザ生地をのせる。オリーブオイルを塗り、ピザソース¼量をまんべんなく塗り、チーズを散らす。

4 3をオーブンシートごと天板にのせ、温めたオーブンで3〜4分焼き、ポーチドエッグをのせる。

コツ：

◉ ポーチドエッグは新しい卵を使うと、形がきれいにまとまる。

◉ ピザソースは煮なくても、にんにくの香りが移るまで置けば、ピザソースになる。

c

b

a

マッシュポテトの卵黄落とし

なめらかなマッシュポテトにチップスの塩気と食感を加え、黄身で絡めていただきます。

材料（2人分）

卵黄　1個
じゃがいも（男爵）　2個（300g）
ポテトチップス　30g（割るように砕く）
レモンの皮（ノーワックス）　少々（すりおろす）
A
- 牛乳　¼カップ
- 生クリーム　¼カップ
- バター　大さじ3

塩　小さじ⅓
ナツメグ　適宜
粗挽き黒こしょう　適量

作り方

1. じゃがいもは皮をむいてひと口大に切り、水に10分ほどさらす。
2. 鍋にじゃがいもと被る程度の水を入れ、中火にかける。沸騰後、竹串がすっと刺さるまで5分ほど茹でる。茹で上がったら湯を捨て、再度火にかけて水分を飛ばす。
3. 水気を飛ばしたじゃがいもをマッシャーで潰す。Aを加えて再度弱火にかけ、もったりするまでゴムベラなどで5分ほど練る。
4. 火を止めて塩、好みでナツメグ少々で味を調えて器に盛る。卵黄とポテトチップスをのせ、レモンの皮を散らし、粗挽き黒こしょうをふる。

玉ねぎとにんじんのクリームココット

朝ご飯にも、夜食にも。
常備野菜の玉ねぎとにんじんを炒めて
卵を割り入れるだけの簡単レシピです。

材料（2人分）
卵　2個
玉ねぎ　½個（薄切りにする）
にんじん　小1本（薄く輪切りにする）
生クリーム　大さじ2
バター　大さじ1
塩　小さじ¼
こしょう　適量

作り方
1　ココットにバター（分量外）を塗る。
2　フライパンにバターを入れて弱火にかける。
バターが溶けたら、玉ねぎとにんじんを入れて
塩とこしょうをふり、弱めの中火で
しんなりするまで5分ほど炒める。
3　ココットに2を半量ずつ入れ、
卵を1個ずつ割り入れる。
生クリームを等分にかけて
オーブントースターで
卵白がかたまるまで10分ほど焼く。

ほうれん草と卵のガーリックアンチョビバター

ほうれん草だけで作るのも好きです。
アンチョビはハムに代えても美味。

材料（2人分）
卵　2個
ほうれん草　1束（根元に十字に切り込みを入れる）
にんにく　½かけ（粗みじん切り）
アンチョビ　2枚
バター　大さじ1
塩　適量
こしょう　少々

作り方

1 鍋に湯を沸かして塩適量を入れ、ほうれん草をさっと茹でる。水にさらして水気をしっかり絞り、半分に切る。

2 フライパンにバターを入れて弱火にかける。バターが溶けたら、にんにくとアンチョビを香りが出るまで炒める。アンチョビは木ベラなどで細かく潰すようにしながら炒める。

3 2にほうれん草を加え、油が回る程度に炒めたら塩とこしょう各少々で味を調える。

4 卵を割り入れて蓋をし、1分ほど蒸らす。

玉ねぎと牛肉の甘辛炒め 卵落とし

春なら新玉ねぎ、冬なら長ねぎ。
たけのこやなすで作っても美味しいです。

材料（2人分）
牛切り落とし肉（またはもも すき焼き用肉） 250g
卵 2個
玉ねぎ 1個（半分に切って繊維を断つように1cm幅に切る）
砂糖 大さじ1と½
酒 大さじ2
しょうゆ 大さじ1強
牛脂 1個
粉山椒 適量

作り方
1 フライパンを中火で熱し、牛脂を入れて溶かす。
2 玉ねぎを入れ、両面を2分ずつ焼いて しんなりしたら端に寄せて牛肉を加える。さっと焼いて返し、まだ赤い部分が残っているうちに砂糖をふる。砂糖が少し焦げたら、酒としょうゆを加えてさっと炒め合わせる。卵を割り入れ、粉山椒をふる。

コツ：
◉ 玉ねぎは焼いて水分を出すように焼き目をつけると、美味しい。
◉ 砂糖は焦がし、甘い香ばしさを牛肉に移す。

揚げ卵丼

油と卵が混じるとなんとも食欲をそそる香りに。
好みでナンプラーをかければエスニックになります。

材料（2人分）

卵　2個
温かいご飯　2膳分
A ┌オイスターソース　大さじ1
　└ラー油　小さじ1
揚げ油　適量
フライドオニオン　適量

作り方

1　小さめのフライパンに揚げ油を深さ3㎝ほど入れて170度に温める。卵を静かに割り入れ、膨らんできたら菜箸などで潰し、ひとまとめにして好みのかたさに揚げる。

2　網じゃくしなどで取り出し、ご飯を盛った器にのせる。フライドオニオンを散らし、混ぜ合わせたAをかける。

揚げ卵のねぎ塩だれ

何がなくても卵さえあれば、
ささっと作れる、おつまみです。

材料（2人分）
卵　2個
小ねぎ　2本
（小口切りにする）
A
酢　大さじ1
塩　小さじ⅓
こしょう　少々
揚げ油　適量

作り方
1　Aは混ぜておく。
2　小さめのフライパンに揚げ油を深さ3㎝ほど入れて170度に温める。卵を静かに割り入れ、膨らんできたら菜箸などで潰し、ひとまとめにして好みのかたさに揚げる。
3　網じゃくしなどで取り出して器に盛り、Aをかける。

目玉焼きとオムレツ

卵料理に外せない目玉焼きとオムレツ。
目玉焼きは料理のアクセントに
トッピングするのもおすすめ。
オムレツは大きく焼いてみんなでワイワイと
分けながら食べるのも楽しい。

クミンミートボールの目玉焼き煮込み

身体が温まるクミンとトマトの煮込み。
パスタやご飯にのせても楽しめます。

材料（2人分）

ミートボール
- 豚挽き肉　150g
- クミンシード　小さじ½
- 塩　少々

卵　2個
セロリ　½本
　（筋を取り除いて薄切りにする）
玉ねぎ　½個（薄切りにする）
にんにく　1かけ（薄切りにする）
赤唐辛子　1本
　（種を取り除いて輪切りにする）
カットトマト缶　1缶（400g）
塩　小さじ½
こしょう　適量
オリーブオイル　適量
パプリカパウダー　適宜

作り方

1　ミートボールの材料を混ぜる。

2　フライパンにオリーブオイル小さじ1を中火で熱し、卵を割り入れる。好みのかたさに焼けたら取り出す。

3　同じフライパンにオリーブオイル大さじ2を弱火で熱し、にんにくと赤唐辛子を炒める。香りが出たら、セロリと玉ねぎを加えてじっくり3分ほど炒める。

4　トマト缶と水1カップを加えて中火にする。ひと煮立ちしたら、1のタネを大さじ1程度ずつ手に取って軽く丸めて鍋に加え、弱めの中火で10分ほど煮る。

5　塩とこしょうで味を調え、目玉焼きを加えて2分ほど強火で煮る。器に盛り、好みでパプリカパウダーをふる。

コツ：

◉　タネは練らずに混ぜて軽く丸めると、口の中でほろっと崩れるやわらかさに仕上がる。

材料（2人分）
サラミ　50g
卵　2個
フライドポテト（冷凍）　1袋
オリーブオイル　小さじ2
揚げ油　適量
塩　適量

サラミと目玉焼き
目玉焼きはザクザク崩して
黄身をソースのように絡めて楽しみます

作り方
1　サラミは薄切りにし、5㎜幅に切る。
2　フライドポテトは表示通りに
揚げ油で揚げる。
油をよくきって器に盛り、
サラミをのせる。
3　フライパンにオリーブオイルを
中火で熱し、卵を割り入れる。
好みのかたさに焼けたら
2にのせて塩をふる。

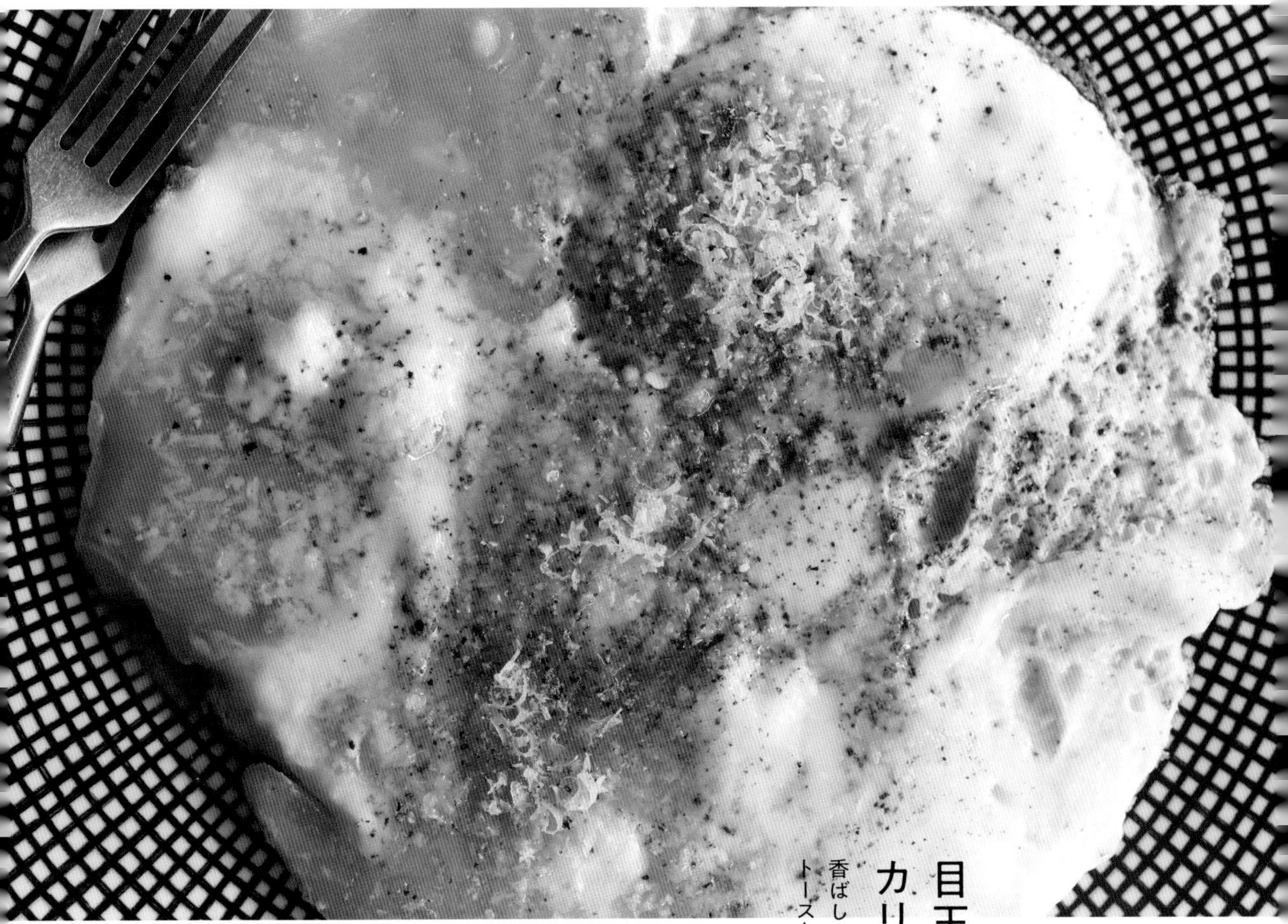

目玉焼きのカリカリチーズ

香ばしいチーズが美味しさの決め手。
トーストしたパンにのせても。

材料（2人分）

卵　4個
パルミジャーノ・レッジャーノ
　40g（すりおろす。または
　ピザ用チーズ60g）
塩　少々
こしょう　少々
オリーブオイル　小さじ1

作り方

1　フライパンにオリーブオイルを中火で熱する。パルミジャーノ・レッジャーノ2/3量を散らして1分ほど焼く。

2　チーズが溶けてこんがりしてきたらチーズの上に卵を割り入れ、卵白を好みのかたさまで焼く。菜箸で卵黄をつついて潰す。塩とこしょうをふり、残りのチーズを散らす。チーズがカリッとしてきたらそのまま器に滑らせるようにのせる。

スパニッシュオムレツ

くたくたに炒めた甘い玉ねぎと
ねっとりしたじゃがいもを卵に閉じ込めて。

材料（2人分・直径20㎝のフライパン1個分）

卵　5個

A
- パルミジャーノ・レッジャーノの
  すりおろし　大さじ2
- アンチョビ　2枚（包丁でたたく）
- 塩　小さじ¼
- こしょう　少々

じゃがいも　2個
玉ねぎ　¼個（薄切りにする）
オリーブオイル　適量
ガーリックマヨネーズ
- マヨネーズ　大さじ2
- にんにくのすりおろし　1かけ分

作り方

1 ボウルに卵を割り入れてよく溶き、Aを加えて混ぜる。ガーリックマヨネーズは混ぜておく。

2 じゃがいもは洗い、皮ごと水気がついたまま1個ずつラップで包んで600Wの電子レンジで7～8分加熱し、ひと口大に切る。

3 フライパンにオリーブオイル小さじ2を中火で熱し、玉ねぎを塩少々（分量外）をふりながら炒める。こんがりとくたくたになるまで5分ほど炒める。

4 じゃがいもを加え、じゃがいもの水分が飛ぶまで2分ほど炒める。

5 **1**の卵液に**4**を加えてよく混ぜる。

6 ペーパータオルでフライパンをさっとふき、オリーブオイル大さじ1を中火で熱する。十分に温まったら、**5**を加えてゴムベラで大きく混ぜる。卵液の外側がかたまってきたら、蓋をして弱火で4～5分焼きかためる。フライパンの蓋などに取ってひっくり返し、さらに4～5分弾力が出るまでよく焼く。

7 好みの大きさに切り分け、ガーリックマヨネーズを添える。

コツ：
◉ オムレツは指で押してみて弾力があれば、火が通っている証拠。
◉ 焼き上がったら、しばらく置いて余熱で火を通す。

豚挽き肉と香菜のオープンオムレツ

挽き肉の旨みを卵に吸わせます。
ハーブはたっぷり添えるのがポイント。

材料（2人分・直径20cmのフライパン1個分）

豚挽き肉　100g
卵　3個
香菜　3〜4枝（葉は摘んで軸は小口切りする）
ミント　適量（ざく切りにする）
ディル　適量（ざく切りにする）
紫玉ねぎ　1/4個（半分に切って薄切りにする）
にんにく　1/2かけ（みじん切りにする）
赤唐辛子　1/2本（種を取り除いて小口切りにする）
ナンプラー　小さじ1/2
塩　少々
こしょう　少々
オリーブオイル　大さじ1

作り方

1 ボウルに卵を割り入れてよく溶き、ナンプラーと香菜の軸を加えて混ぜる。
2 フライパンにオリーブオイルを弱火で熱し、にんにくと赤唐辛子を香りが出るまで炒める。
3 香りが出たら挽き肉を加えて中火で炒め、塩とこしょうをふって1分半ほど炒める。
4 1の卵液を加えて大きく混ぜ、表面が半熟状になり、裏がこんがりとするまで2分ほど焼く。
5 滑らせるように器にのせ、香菜の葉、ハーブ、紫玉ねぎをのせる。

コツ：

◉ 卵が半熟の状態で火を止める。

マッシュルームとミックスナッツのオムレツ

きのことナッツの食感が新鮮。
しょうゆの風味がバターに合います。

材料（2人分・直径26㎝のフライパン1個分）

卵　3個
A
- 牛乳　大さじ2
- マヨネーズ　大さじ1
- 塩　小さじ⅓
- こしょう　適量

ブラウンマッシュルーム　4個
（石づきを落として薄切りにする）
玉ねぎ　¼個
（みじん切りにする）
にんにく　½かけ
（みじん切りにする）
ミックスナッツ　20g
（ざく切りにする）
しょうゆ　少々
塩　少々
こしょう　少々
バター　大さじ1
イタリアンパセリ　適宜

作り方

1 ボウルに卵を割り入れてよく溶き、Aを加えて混ぜる。

2 フライパンにバターを入れて弱火で熱し、バターが溶けたら玉ねぎとにんにくをしんなりするまで5分ほど炒める。

3 ブラウンマッシュルームを加えて中火にし、塩とこしょうをふって2分ほど炒める。マッシュルームがしんなりしたらしょうゆを回し入れ、ミックスナッツを加えてひと混ぜする。

4 1の卵液を流し入れ、ふんわりとまとめるように炒める。滑らせるように器にのせ、好みでイタリアンパセリを添える。

コツ：

◉ 卵液にマヨネーズを加えるとコクが出て、ふんわり仕上がる。

◉ しょうゆ少々を加えて香りを出す。

ちらしずし

主役の具材はシンプルだから、
卵は少し厚めに焼いて華やかに。

材料（4人分）

具材

錦糸卵

- 卵　3個
- 片栗粉　小さじ½（水小さじ½で溶く）
- 酒　小さじ1

しいたけの甘辛煮

- 干ししいたけ　6枚（水で戻して5㎜角に切る）
- 干ししいたけの戻し汁（またはだし汁）　1カップ
- しょうゆ　大さじ2
- 酒・砂糖・みりん　各大さじ1

絹さや　6枚（筋を取り除いてせん切りにする）

いくら　適量

白炒りごま　大さじ2

木の芽　適宜

すし飯

- 米　3合
- 昆布（5㎝角）　1枚
- 酒　大さじ1

すし酢

- 米酢　大さじ4と½
- 砂糖　大さじ3
- 塩　小さじ1と½

作り方

1 しいたけの甘辛煮を作る。
小鍋に干ししいたけの戻し汁と調味料を入れて中火にかける。
ひと煮立ちしたら戻したしいたけを加えて落とし蓋をし、
弱めの中火で10分ほど煮る。煮上がったら粗熱を取り、ザルで煮汁をきる。

2 錦糸卵を作る。ボウルに卵を割り入れてよく溶き、
水で溶いた片栗粉と酒を加えてよく混ぜ、ザルで漉す（写真a）。
フライパンを弱火で熱し、サラダ油適量（分量外）を含ませたペーパータオルで
油を全体に引く。十分に温まったら、卵液¼量を流し入れて
まんべんなく行き渡るようにフライパンを動かす。
端がチリッとなるまで焼けたら（写真b）、菜箸を通して裏返す（写真c）。
両面を焼いてペーパータオルの上に取り出す。残りも同様に焼き、
冷めたら周りを切り落とし（写真d）、半分に切ってくるくる巻いて細切りにする。

3 絹さやはザルにのせて熱湯をかけ、ペーパータオルで水気をふく。

4 すし飯を作る。米は昆布と酒を加えて少しかために炊ける水加減にする。
ご飯が炊き上がったら飯台などにあけ、混ぜ合わせたすし酢を回し入れ、
さっくりと切るようにあおぎながら混ぜる。

5 すし飯にしいたけの甘辛煮とごまを加えて混ぜる。
器に盛り、錦糸卵、いくら、絹さや、好みで木の芽を飾る。

コツ：

◉ 卵液はザルで漉し、なめらかにする。
また焦げるので、卵液に味つけはしない。

◉ このレシピは26㎝のフライパンを使用する。

a

b

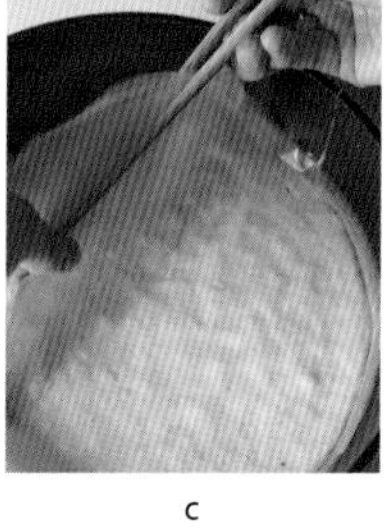
c

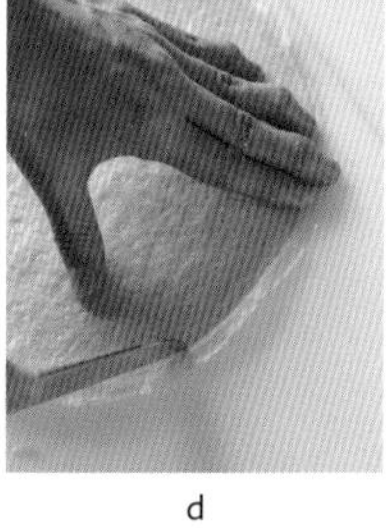
d

材料（2人分）

薄焼き卵
- 卵　4個
- 片栗粉　小さじ1（水小さじ1で溶く）
- サラダ油　適量

豚ロース薄切り肉　4枚（細切りにする）

A
- 塩・こしょう　各少々
- 片栗粉・ごま油　各小さじ½

パプリカ（赤）　½個（横半分に切って縦細切りにする）
茹でたけのこ　大1本（5cm長さの細切りにする）
戻した干ししいたけ　2枚（水で戻して薄切りにする）
春雨　50g（水で戻して食べやすい長さに切る）

B
- 水　¾カップ
- 紹興酒（または酒）　大さじ1
- オイスターソース・しょうゆ　各大さじ½
- 砂糖　小さじ½

片栗粉　小さじ2（水小さじ2で溶く）
薄力粉　小さじ2（水小さじ2で溶く）
塩　少々
こしょう　少々
サラダ油　適量
揚げ油　適量
溶きがらし　適量

卵春巻き

薄焼き卵を春巻きの皮にします。
揚げているそばからなんとも甘い香りがして
甘辛な具材とよく合います。

a

b

c

作り方

1 薄焼き卵を作る。ボウルに卵を割り入れてよく溶く。水で溶いた片栗粉を加えてよく混ぜ、ザルで漉す。フライパンにサラダ油を弱火で熱し、サラダ油を含ませたペーパータオルで油を全体に引く。十分に温まったら、卵液¼量を流し入れる。まんべんなく行き渡るようにフライパンを動かし、縁がチリッとなるまで焼けたら菜箸を通して裏返し、両面を焼いてペーパータオルの上に取り出す。残りも同様に焼く。

2 ボウルに豚肉を入れ、Aを加えて混ぜる。

3 フライパンにサラダ油を中火で熱し、豚肉をさっと炒める。パプリカ、たけのこ、戻した干ししいたけと春雨を加えてパプリカがしんなりするまで2分半ほど炒める。塩とこしょうをふってひと混ぜして混ぜ合わせたBを加えて煮立たせる。水で溶いた片栗粉を加えてややかためにとろみをつける。角バットなどに移し、粗熱を取る。

4 まな板に薄焼き卵を広げて水で溶いた薄力粉を巻き終わりの縁に塗る。半分より手前に3の¼量をのせ、端からくるくる巻く（写真a・b）。

5 4に片栗粉適量（分量外）を全体にまぶす。

6 フライパンに2cmほどの揚げ油を170度に温め、2本ずつ4分ほどこんがりするまで転がしながら揚げる（写真c）。油をよくきり、食べやすい大きさに切って器に盛り、溶きがらしを添える。

◉ コツ：
薄焼き卵で具材を巻くときは、緩まないようにきつめに巻く。

卵でソース

卵のソースはコクがあって濃厚。
マヨネーズやオランデーズソースなど、
作ってみれば意外に簡単で、
驚きの美味しさです。

自家製マヨネーズ

酸っぱいマヨネーズが好みなら
ビネガーのほうが酸味が効きます。

材料（作りやすい分量）

卵黄　2個（常温に戻す）
ディジョンマスタード　大さじ1
オリーブオイル　¼カップ
サラダ油　1カップ
レモン果汁（または白ワインビネガー）　大さじ2
塩　小さじ½
白こしょう　少々

作り方

1　ボウルに卵黄とマスタードを入れて泡立て器でよく混ぜる（写真a）。
2　1にオリーブオイルとサラダ油を少しずつ注ぎながらよく混ぜ合わせる（写真b）。
3　かたくとろみがついたらレモン果汁を少しずつ加え、塩とこしょうで味を調える（写真c）。

コツ：

◉　新鮮な卵を使うこと。
◉　オリーブオイルを入れると、香りよく仕上がる。

保存期間

◎　きれいなスプーンなどを使い、冷蔵庫で5～6日

a

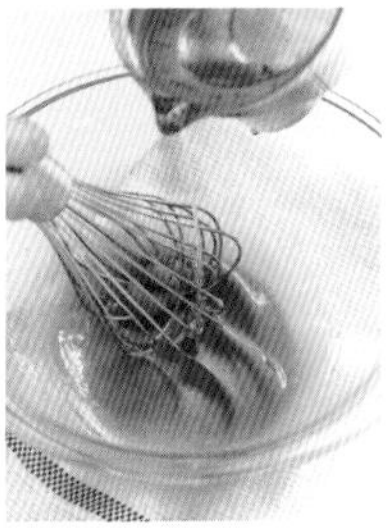

b

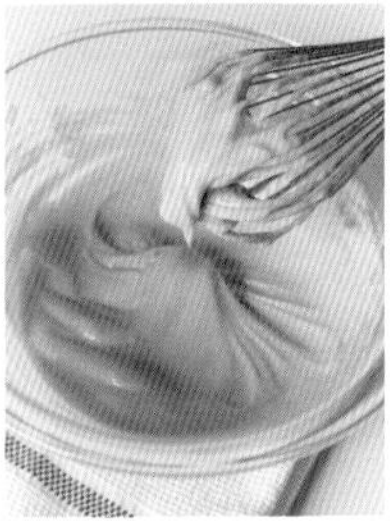

c

ウフマヨ

マヨネーズにはちみつを組み合わせて。
好みで卵をつけながら楽しみます。

材料（作りやすい分量）

卵　2個（常温に戻して、沸騰した湯で8分茹でる）
自家製マヨネーズ　大さじ4
はちみつ　適量
ピンクペッパー　適量
生クリーム　適宜

作り方

1　卵は殻をむいて器に盛り、マヨネーズをかける。マヨネーズがかための場合は生クリームを加えて混ぜる。
2　はちみつとピンクペッパーを添える。

サラダニソワーズ

具材たっぷりのサラダをまとめるのは
もちろん自家製マヨネーズ。
ブランチにもおすすめのひと皿です。

材料(2人分)

卵　1個(常温に戻して沸騰した湯で8分茹でる)
ツナ缶　1缶(油分をきる)
サラダ菜　½個
さやいんげん　10本(筋を取り除く)
じゃがいも(メークイン)　1個
トマト　1個(6等分のくし形切りにする)
パセリのみじん切り　適量
A　自家製マヨネーズ(82ページ)　½カップ
　にんにくのすりおろし　少々
塩　適量
こしょう　適量

作り方

1　鍋に湯を沸かして塩適量を入れ、さやいんげんを2分ほど茹でてザルに上げる。じゃがいもは洗い、皮ごと水気がついたままラップで包んで600Wの電子レンジで5~6分ほど加熱し、皮をむいてひと口大に切る。Aは混ぜておく。

2　器に野菜を盛り、粗くほぐしたツナ、殻をむいて半分に切った卵をのせる。Aをかけ、パセリを散らし、塩とこしょうをふる。

ホタテのマヨネーズグリル

香ばしく焼いたマヨネーズはみんなが大好きな味。
好みの野菜と魚介でアレンジを。

材料（2人分）
ホタテ貝柱（刺身用）　8個
ズッキーニ　½本（1cm幅の輪切りにする）
A
自家製マヨネーズ（82ページ）　大さじ4
粒マスタード　小さじ2
塩　少々
こしょう　少々
オリーブオイル　適量
レモン　適宜

作り方
1　ホタテとズッキーニは塩小さじ¼とこしょう適量（ともに分量外）をふり、10分ほど置く。出てきた水気はペーパータオルでふく。Aは混ぜておく。
2　耐熱容器、またはオーブントースターの天板にオリーブオイルを薄く塗り、ホタテとズッキーニを並べる。Aをかけてこんがり焼き目がつくまで8分ほど焼き、好みでレモンを添える。

洋風タルタルソース
×
アジフライ

レシピ↓88ページ

和風タルタルソース
×
チキンソテー

レシピ→89ページ

洋風タルタルソース

ごろごろ大きい具材で
食感を楽しむタルタルソースは、
魚介のフライによく合います。

材料（2人分）

卵　2個（水から10分茹でる）
きゅうりのピクルス　小4本
（粗みじん切りにする）
紫玉ねぎ　¼個
（粗みじん切りにする）
パセリのみじん切り　大さじ2
自家製マヨネーズ（82ページ）　大さじ4
ディジョンマスタード　小さじ1
塩　小さじ¼
こしょう　適量

作り方

1　紫玉ねぎは水に5分ほどさらし、水気をよくきる。
2　卵は殻をむいてボウルに入れて粗く潰し、1と残りの材料を加えて混ぜる。

アジフライ

揚げ立てのアジフライは絶品。
同じ要領で海老やホタテを揚げても。

材料（2人分）

アジ（背から開いたアジフライ用）
4尾
薄力粉・溶き卵・パン粉　各適量
塩・こしょう　各少々
揚げ油　適量
洋風タルタルソース　全量

作り方

1　アジは塩とこしょうをふり、薄力粉、溶き卵、パン粉の順に衣をつける。
2　フライパンに揚げ油を入れて170度に温め、両面を1分ずつ揚げる。
3　器に盛り、洋風タルタルソースをたっぷりかける。

和風タルタルソース
×
チキンソテー

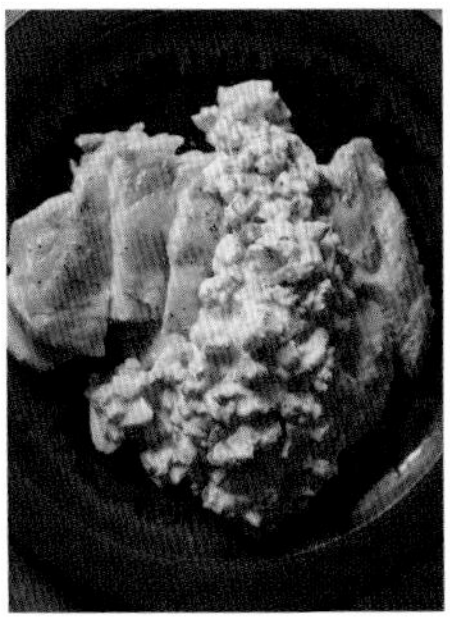

和風タルタルソース

味噌のコクと風味を生かし、青じそとみょうがを加えて和風に。肉料理もさっぱりいただけます。

材料（2人分）
卵　2個（水から10分茹でる）
みょうが　3本（粗みじん切りにする）
青じそ　10枚（粗みじん切りにする）
自家製マヨネーズ（82ページ）　大さじ4
溶きがらし　小さじ1
味噌　小さじ½

作り方
1　みょうがと青じそは一緒に水にさらし、水気をよくきる。
2　卵は殻をむいてボウルに入れて粗く潰し、1と残りの材料を加えて混ぜる。

コツ：
◉　味噌を少し加えることで、風味が出る。

チキンソテー

皮をカリッと焼き上げて。触らず、じっくり焼いていきます。

材料（2人分）
鶏むね肉　2枚
塩　小さじ½
こしょう　適量
オリーブオイル　小さじ2
和風タルタルソース　全量

作り方
1　鶏肉は塩とこしょうをふる。
2　フライパンにオリーブオイルを弱めの中火で熱し、鶏肉を皮目から焼く。8分ほどじっくり焼き、裏返してさらに4分焼く。
3　食べやすい大きさに切って器に盛り、和風タルタルソースをたっぷりかける。

オランデーズソース

とろりとするまでゆっくり根気よく混ぜれば、必ず上手に作れます。
でき立てのソースは最高の美味しさ。

材料（作りやすい分量）
卵黄　2個
水（あれば白ワイン）　大さじ1
バター（無塩）　100g
レモン果汁　小さじ2
塩　ひとつまみ

作り方

1 バターは小さく切って耐熱容器に入れて湯煎にかける。
または600Wの電子レンジで発火しないように注意しながら
1分ほど加熱し、そのまましばらく置く。

2 ボウルに卵黄を入れてよく溶きほぐし、水を加える。
ボウルの底を直火に当てた湯煎で温めながら
とろりとするまで泡立て器で4分ほど混ぜる（写真a）。

3 火から外し、溶かしバターを少しずつ注ぎ入れながら
さらによく混ぜる（写真b）。溶かしバターは上澄みだけを加え、
底に残った白い液体は入れないように注意する。

4 3にレモン果汁と塩を加えて味を調える（写真c）。
ソースは温かいうちに使う。すぐに使わない場合は再度湯煎にかける。
その際は蒸気だけで温め、湯に直接ボウルが
当たらないようにする（かたまってしまうため）。

コツ：
◉ 溶かしバターの底に沈んだ白い液体は脂ではなく乳清という水分。
加えるとソースが緩んでしまうので、入れないように注意する。
◉ ハンドミキサーを使ってもよい。

a

b

c

茹でアスパラガス

アスパラガスだけでなく、
季節の野菜を茹でて楽しんで。

材料（2人分）
グリーンアスパラガス　8本
塩　適量
オランデーズソース　半量

作り方

1 グリーンアスパラガスは
根元のかたい部分を落とし、
下部のかたい皮をむく。

2 フライパンに湯を沸かして塩を加える。
1を2分ほど茹で、水気をきって器に盛る。

3 2にオランデーズソースをかける。
時間をおいてソースがかたくなった場合は、
蒸気の熱だけで温め、とろりとさせてから使う。

カルボナーラ

チーズのコクたっぷり、ベーコンの旨みたっぷり。
とにかく濃厚に仕上げた、贅沢な大人の味。

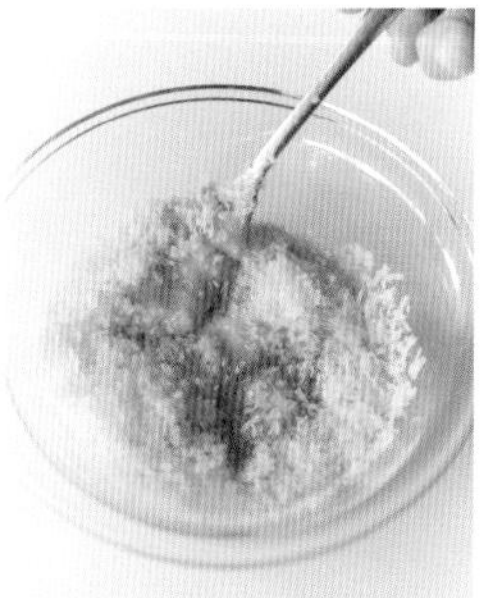

a

材料（2人分）
A ┬ 全卵　2個
　└ 卵黄　1個
ベーコン（ブロック）　80g
（1㎝角の棒状に切る）
パルミジャーノ・レッジャーノ
50g（すりおろす）
スパゲッティ（1.9㎜）　160g
白ワイン　大さじ3
オリーブオイル　大さじ1
粗挽き黒こしょう　適量

作り方

1　ボウルにAを入れてよく混ぜる（写真a）。
2　フライパンにオリーブオイルを中火で熱し、ベーコンをこんがりするまで2分ほど炒め、白ワインを加えて煮立たせる。
3　鍋に湯を沸かして塩適量（分量外）を加え、スパゲッティを表示より1分短めに茹でる。湯をきり、2のフライパンに加えてベーコンの脂を吸わせるように炒める。
4　火から下ろし、1を加えてよく混ぜる。茹で汁大さじ2〜3を加えて塩（分量外）で味を調え、とろりとしたら器に盛り、粗挽き黒こしょうをふる。

コツ：
◉ ソースが絡むように太めのパスタを使う。
◉ パスタとソースが絡まない場合は、弱火でさっと加熱するとよい。

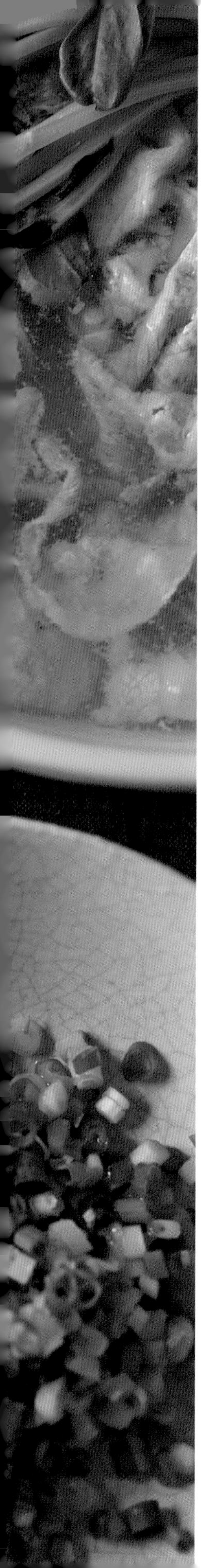

豚肉と豆苗の鍋
卵だれ

卵は鍋のたれにも美味しく変身します。
シンプルな鍋も、たれを変えれば
和風、中華風として楽しめます。

材料（2人分）

豚しゃぶしゃぶ用肉　300g
豆苗　1パック（根元を落とす）
水　2カップ
酒　1と½カップ
卵だれ（各1人分）
　全卵1個+オイスターソース小さじ1+豆板醤小さじ1
　全卵1個+小ねぎの小口切り適量+ごま油大さじ1+塩少々
　卵黄1個+練り白ごま大さじ2+しょうゆ小さじ2

作り方

1　土鍋に水と酒を入れて煮立たせ、アルコール分を飛ばす。
2　1に豚肉を入れ、火が通ったら豆苗を加えて好みの卵だれで食べる。

簡単卵

いつでもどこでも手に入る卵。
朝に、昼に、夜にと、
いつでも食卓の主役になります。

落とし卵の納豆汁

しっかり食べたい朝ご飯。
納豆汁に卵を合わせれば、
おかずにもなって腹持ちもよし。

材料（2人分）
卵　2個
ひき割り納豆　1パック
小ねぎ　4本（2㎝長さに切る）
味噌　大さじ1と½
だし汁　2と½カップ

作り方
1　鍋にだし汁を沸かして味噌を溶き入れ、
納豆と小ねぎを加えてさっと煮る。
2　卵を割り入れてしばらく置き、
卵白がかたまってひと煮したら器によそう。

こんがり玉ねぎと卵のスープ

玉ねぎをじっくり炒めたスープは
溶き卵を加えても、
卵を割り落としても美味しい。

材料（2人分）
溶き卵　2個分
玉ねぎ　½個（繊維を
断つように薄切りにする）
バター　大さじ1
スープの素（顆粒）　小さじ⅓
しょうゆ　小さじ2
粉チーズ　適量
好みのパン　適量

作り方
1　フライパンにバターを入れて
強めの中火にかける。
バターが溶けたら、
玉ねぎを焦がすように3分ほど炒める。
2　玉ねぎがしんなりし、焦げ目がついたら、
水2カップ、スープの素、
しょうゆを加えて煮立てる。
3　菜箸に伝わせるようにしながら
溶き卵を加え、すぐに火を止める。
器によそって粉チーズをふり、
トーストしたパンを添える。

材料（2人分）

卵そぼろ

- 卵　2個
- みりん　小さじ1
- 砂糖　小さじ2
- 塩　小さじ1/3

鶏そぼろ

- 鶏挽き肉　200g
- しょうゆ　大さじ2と1/2
- 水　大さじ2
- みりん　大さじ1
- 酒　大さじ1
- 砂糖　大さじ1
- しょうがの搾り汁　小さじ2

温かいご飯　2膳分
柴漬け　適量
サラダ油　少々

卵と鶏のそぼろご飯

甘いそぼろがのったご飯は幸せの味。
鶏そぼろは作って常備しておくと便利です。

作り方

1 卵そぼろを作る。
ボウルに卵を割り入れてよく溶き、
砂糖、みりん、塩を加えて混ぜる。
フライパンにサラダ油を
弱めの中火で熱し、卵液を入れて
菜箸数本でよく混ぜて炒り卵にする。
ときどき火から外して
よく混ぜながら炒る。

2 鶏そぼろを作る。
鍋にすべての材料を入れて混ぜ、
挽き肉をよくほぐす。
ほぐれたら中火にかけ、
6～7分混ぜながら水分を飛ばす。

3 器によそったご飯に1と2をのせ、
柴漬けを添える。

卵粥

身体に優しいおかゆに、卵の滋養を加えて。
なんでもない朝でも食べたい味です。

材料（4人分）

A
- 米　⅔合（洗ってザルに上げて15分ほど置く）
- 水　6カップ

塩　小さじ½
溶き卵　3個分
三つ葉　1株（2㎝長さに切る）
梅干し　1個（種を取り除く）
焼き海苔　適量（ポリ袋に入れてもみのりにする）

作り方

1. 鍋にAを入れて中火にかける。沸騰したら蓋をし、弱火で40～50分煮る。途中1～2度鍋底から混ぜ、やわらかく煮えたら塩で味を調える。
2. 火を止めて溶き卵を回し入れて蓋をし、1～2分蒸らす。
3. 器によそい、三つ葉、梅干し、海苔を添える。

わかめと卵の炒り卵丼

卵とわかめの丼はいつでも作れる手軽さが嬉しい。
オイスターソースを少し加えて中華風にしても。

材料（2人分）

卵　3個
わかめ（塩蔵）　20g
しょうが　1かけ（せん切りにする）
A ┬ しょうゆ　小さじ1
　└ 塩　少々
ごま油　大さじ1
温かいご飯　2膳分

作り方

1 わかめは塩を洗い流し、水で10分ほど戻してひと口大に切る。
2 ボウルに卵を割り入れて溶き、Aを加えて混ぜる。
3 フライパンにごま油を弱火で熱し、しょうがを香りが出るまで炒める。
4 わかめを加えて中火でさっと炒め、2の卵液を流し入れて2分ほど炒め、器に盛ったご飯にのせる。

コツ：

◉ オイスターソースを加えて中華風にもアレンジできる。その際はオイスターソース小さじ1を加え、しょうゆは小さじ½に減らして調味する。

豆腐と卵のふわっと丼

ふわふわの卵と豆腐の口溶けがやわらか。
ご飯に散らした焼き海苔が風味のアクセントです。

材料（2人分）

溶き卵　3個分
絹ごし豆腐　½丁
（手で小さめにちぎる）

A
だし汁　1カップ
しょうゆ　大さじ2
砂糖　大さじ1と½
みりん　小さじ2
酒　小さじ2

温かいご飯　2膳分
焼き海苔　1枚
（ポリ袋に入れてもみのりにする）
粉山椒　適宜

作り方

1　小さめのフライパンにAを入れて中火にかける。煮立ったら豆腐を加え、1分半ほど煮て、溶き卵を2回に分けて回し入れる。火を止め、蓋をしてしばらく蒸らす。

2　器にご飯を盛って海苔をのせる。1を盛り、好みで粉山椒をふる。

コツ：

◉ 溶き卵は2回に分けて加えると、とろとろに仕上がる。

鶏卵うどん

とろとろのとろみがついたつゆたっぷりのうどん。
しょうがを添え、身体もポカポカに。

材料（2人分）
うどん（冷凍）　2玉
溶き卵　2個分
A
- だし汁　3と½カップ
- 酒　大さじ2
- みりん　大さじ2
- しょうゆ　大さじ1と½
- 塩　小さじ½

片栗粉　大さじ2（水大さじ4で溶く）
しょうが　½かけ（すりおろす）

作り方
1　うどんは熱湯で表示通りに茹で、器に盛る。
2　鍋にAを入れて中火にかける。
煮立ったら、水で溶いた片栗粉を加えてとろみをつける。
とろみがついたら、溶き卵を加え、
レードルなどで大きく混ぜる。
器に盛ったうどんにかけ、しょうがをのせる。

コツ：
◉　つゆはしっかり煮立たせてから片栗粉を加え、
片栗粉にしっかり火を通す。

ふっくら卵焼きたっぷりそうめん

薄焼き卵をたっぷり絡ませたそうめん。
甘めの卵が麺つゆによく合います。

材料（2人分）

卵焼き
- 卵　3個
- 砂糖　大さじ1
- しょうゆ　小さじ2
- サラダ油　小さじ1

麺つゆ
- 水　1カップ
- 削り節　ひとつかみ
- みりん・酒・しょうゆ　各大さじ3
- 昆布（5cm角）　1枚

そうめん　3束
きゅうり　1本（太めのせん切りにする）
ごま油　小さじ1
白炒りごま　適量

作り方

1　麺つゆを作る。鍋に麺つゆの材料をすべて入れ、弱めの中火で10分ほど煮てからペーパータオルを敷いたザルで漉す。

2　卵焼きを作る。ボウルに卵を割り入れてよく溶き、砂糖としょうゆを加えて混ぜる。
フライパンにサラダ油を中火で熱し、十分に温まったらペーパータオルで全体をさっとふいて卵液半量を流し入れる。菜箸で大きくひと混ぜし、端がチリッとするまで1分ほど焼く。菜箸を通して裏返してさらに30秒ほど焼き、ペーパータオルの上に取り出す。

残りの卵液も同様に焼き、粗熱が取れたら3等分に切って1.5cm幅に切る。

3　そうめんは表示通りに茹でて流水でもむように洗う。氷水で冷やし、水気をよくきる。

4　ボウルに水気をきったそうめん、卵焼き、きゅうり、ごま油を入れてさっと和えて器に盛り、ごまをふり、麺つゆをかける。

塩焼きそば　目玉焼きとセロリのっけ

焼きそばに目玉焼きはよくあるけれど、セロリの食感を加えると新鮮です。ナンプラーとごま油がよく合います。

材料（2人分）
卵　2個
セロリ　½本
塩焼きそば
　豚バラ薄切り肉　50g
　（1cm幅に切る）
中華麺（焼きそば用）　2玉
ナンプラー　小さじ2
塩　適量
こしょう　適量
サラダ油　小さじ2
ごま油　小さじ2

A
酢　小さじ2
塩　少々
こしょう　少々

作り方

1 セロリは筋を取り除いて3cm長さに切り、薄切りにする。葉はざく切りにする。麺は耐熱容器に入れてふんわりとラップをし、600Wの電子レンジで1分加熱する。Aは混ぜておく。

2 塩焼きそばを作る。フライパンにサラダ油を中火で熱し、豚肉をさっと炒める。こんがりするまで1分半ほど炒め、1の麺を加えてほぐしながら炒める。木ベラなどで押さえて焼き色を3分ほどつける。焼き色がついたら裏返してさらに2分焼き、塩とこしょうとナンプラーを加えて混ぜ、器に盛る。

3 2のフライパンをペーパータオルでさっとふき、サラダ油小さじ2（分量外）を中火で熱し、卵を割り入れて好みのかたさの目玉焼きを焼く。

4 2の器にセロリと目玉焼きをのせ、Aを回し入れる。

コツ：
◉ 豚肉は脂を出すように炒めてこんがりさせる。
◉ 麺は木ベラで押しつけながら両面こんがりと焼く。

黄金チャーハン

炒める前にご飯と卵を混ぜれば、
炒めるだけでパラパラチャーハンが完成。
好みで桜海老を加えると、
さらに香りよくなります。

材料（2人分）

チャーシュー（市販品）
50g（7㎜角に切る）
溶き卵　3個分
長ねぎ　½本
（粗みじん切りにする）
温かいご飯　2膳分
（炊き立てのご飯は広げて
少し蒸気を飛ばす）
しょうゆ　小さじ½
酒　小さじ1
塩　小さじ⅓
こしょう　適量
サラダ油　大さじ1

作り方

1　ボウルに溶き卵、長ねぎ、
ご飯を入れてよく混ぜる。
2　フライパンにサラダ油を強火で熱し、
1、チャーシューをパラリとなるまで炒め、
塩とこしょうで味を調える。
鍋肌からしょうゆを回し入れて
香りが立ったら酒をふってさっと混ぜる。

コツ：

◉ 冷やご飯で作る場合は、
電子レンジで軽く温めるとよい。
◉ 卵はタンパク質なので、
溶き卵とご飯をしっかり混ぜて
炒めることで、パラパラに仕上がる。

ふんわりオムライス

甘いケチャップライスには
生クリームを混ぜたとろける卵をかけて。

材料（2人分）

A
- 鶏むね肉　小1枚（7㎜角に切る）
- さやいんげん　6本（筋を取り除いて1㎝幅に切る）
- にんじん　5㎝（5㎜角に切る）
- 玉ねぎ　¼個（粗みじん切りにする）

卵　4個
生クリーム（または牛乳）　大さじ2
温かいご飯　2膳分
トマトピューレ　大さじ4
トマトケチャップ　大さじ3
塩　適量
こしょう　適量
バター　適量
福神漬け　適宜

作り方

1　フライパンにバター大さじ1を入れて中火で熱し、バターが溶けたらAを炒める。2分ほど炒め、塩とこしょう各少々をふる。

2　ご飯を加えて炒め合わせ、フライパンの端に寄せ、空いている部分にトマトピューレとトマトケチャップを加えて炒める。色が濃くなったらご飯と炒め合わせ、塩とこしょう各少々をふって味を調えて器に盛る。

3　ボウルに卵を割り入れてよく溶き、生クリーム、塩とこしょう各少々を加えてよく混ぜる。フライパンをペーパータオルでさっとふき、バター大さじ1を入れて強めの中火で熱する。バターが溶けたら卵液半量を入れてふんわりと大きく混ぜて半熟状にし、2の上に被せるようにのせる。残りも同様に作り、好みで福神漬けを添える。

コツ：
◉ 冷やご飯で作る場合は、電子レンジで軽く温めるとよい。

蛋餅（ダンピン）

台湾の朝食の定番ダンピン。
薄く焼いた生地と卵を一緒に巻いて
辛いケチャップでいただきます。

材料（2人分）

生地
- 薄力粉　50g
- 強力粉　50g
- 片栗粉　大さじ1
- 塩　小さじ½
- 水　150〜200㎖
- 小ねぎ　5本（小口切りにする）

卵　4個
サラダ油　適量
ごま油　適量
辛みケチャップ
- トマトケチャップ　大さじ2
- 豆板醤　小さじ½

作り方

1　生地を作る。ボウルに粉類と塩を入れてよく混ぜ合わせ、水を加えて泡立て器でよく混ぜる。よく溶き混ぜたら、小ねぎを加えて混ぜる。

2　フライパンにサラダ油小さじ1を中火で熱し、十分に温まったら**1**の生地半量を薄く広げて焼く。生地の端がチリッとなり、表面が透明になったら菜箸に通して裏返し、両面1分ずつ焼いて取り出す。残りの生地も同様に焼く。

3　同じフライパンにごま油小さじ2を中火で熱する。十分に温まったら、卵を2個割り入れてすぐに木ベラで潰して広げる。**2**の生地を1枚のせて1分ほど焼く。残りの卵と生地も同様に焼く。

4　まな板に生地側を下にして置き（写真a）、くるくると大きく巻く（写真b）。食べやすい大きさに切り、混ぜ合わせた辛みケチャップをかける。

コツ：

◉ 辛みケチャップのほか、生の青唐辛子のみじん切り、しょうゆ、砂糖を混ぜたたれをつけても。

◉ 好みで一緒にハムを巻いても美味しい。

a

b

卵サンドイッチ

きゅうりの食感が小気味よく、
作るとみんなが笑顔のサンドイッチ。

材料（2人分）
卵　3個（水から8分茹でる）
きゅうり　1本
A ｜ マヨネーズ　大さじ3
　｜ 溶きがらし　小さじ1
　｜ 塩　適量
　｜ こしょう　適量
食パン（8枚切り）　4枚
バター　大さじ3（常温に戻す）
溶きがらし　小さじ1
きゅうりのピクルス　適宜

作り方
1　卵は殻をむく。ボウルに入れて粗く潰し、
Aを加えてよく混ぜる。
2　きゅうりは縞目に皮をむいて
塩少々（分量外）で板ずりする。
3分ほど置いてさっと水で洗い、
小口切りにしてしっかり水気を絞る。
3　**1**にきゅうりを加えてよく混ぜる。
4　パンの片面にバターを等分に塗って
その上に溶きがらしを塗る。
パン2枚に**3**を等分に
まんべんなくのせて
残りのパンを重ねる。
パンの耳を切り落として
好みの大きさに切って器に盛り、
好みできゅうりのピクルスを添える。

トースト卵サンド

薄焼き卵にチーズを挟んで。
甘いケチャップがよく合います。

材料（2人分）

卵　4個
スライスチーズ　2枚
ハム　2枚
トマト　½個（薄切りにする）
食パン（8枚切り）　4枚
バター　大さじ2
トマトケチャップ　大さじ1
マヨネーズ　小さじ2
牛乳　大さじ1
塩　適量
こしょう　適量
サラダ油　適量

作り方

1　ボウルに卵を割り入れてよく溶き、牛乳、塩、こしょうを加えてよく混ぜる。

2　フライパンにサラダ油小さじ1を中火で熱し、**1**の卵液半量を入れて40秒ほど焼く。卵が半熟のところにチーズ1枚をのせ、半分に折りたたむ。残りも同様に焼く。

3　パンはオーブントースターで軽く焼く。パンの片面にバターを等分に塗る。パン2枚にトマトケチャップ、**2**の卵、マヨネーズ、ハム、トマトを順にのせて残りのパンを重ね、食べやすい大きさに切る。

コツ：

◉ 卵は少しの牛乳を加えることでやわらかく焼き上がる。

堤 人美

料理家。京都生まれ。料理研究家のアシスタントを経て、独立。材料はシンプル、特別なことはしなくとも、美味しく作れるレシピが人気。近著に『「朝仕込み」だから、帰ってすぐできる! おいしいレシピのひみつ』(朝日新聞出版)、『NHKきょうの料理　生活実用シリーズ お届け冷凍レシピひとりぶん』(NHK出版)、『肉サラダ 1肉1野菜で作る! 主役級!』『1肉1野菜鍋 シンプルだから飽きない! 〆まで美味しい!』『肉炒め 毎日頑張っているあなたへ。とにかく簡単に作れるレシピです。』(グラフィック社)などがある。

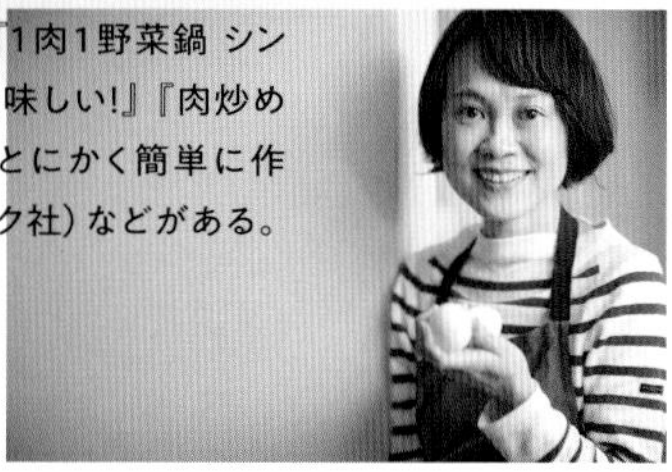

撮影　邑口京一郎
スタイリング　久保百合子
装丁　遠矢良一(Armchair Travel)
題字　まつおか たかこ
調理アシスタント　池田美希、小谷原文子、川嵜真紀
編集　小池洋子(グラフィック社)

いつも卵があるといい

朝も昼も、夜も。

2020年4月25日　初版第1刷発行
著者　堤 人美
発行者　長瀬 聡
発行所　株式会社グラフィック社
〒102－0073
東京都千代田区九段北1－14－17
電話03－3263－4318(代表)
　　03－3263－4579(編集)
郵便振替　00130－6－114345
http://www.graphicsha.co.jp
印刷・製本 図書印刷株式会社

ISBN978-4-7661-3397-4 C2077